成功の秘訣は
人のマネを
すること!

億り人
まっつんの
資産増強
計画!!

兼業投資家
まっつん

ノド社

はじめに

本書を手に取っていただきました読者さんへ

みなさん、こんにちは。個人投資家のまっつんと申します。

本書は、僕にとって2冊目の著書となります。1冊目『教えてまっつん先生!! 素人でもわかるお金の授業』の出版から1年半ほどが経過し、またこうして本を出させていただく運びとなりました。


今の日本には、お金の不安を抱える人が大勢います。インフレが進行する一方、給与はそれほど増えていきません。税金や社会保険料が重くのしかかり、お金を増やせないという悩みは巷にあふれています。

僕自身、投資専業でやっているわけではなく、今も本業を持ち、給与をもらって働いている身の上なので、気持ちはよくわかります。

現役世代からは、今の家計をやりくりするのに精いっぱいで、将来の見通しが立たないという声も聞かれます。高齢者優遇（に見える）制度が多いこの国で、働き盛りの世代が絶望を感じている——残念ながら、それが今の日本の実情です。

かつての僕も、老後に困らないほどお金を貯められるイメージが持てず、絶望している人間の一人でした。そんな状況を何とか変えるため、僕が取り組んだのが「投資」です。20年余りにわたって投資することで、僕は3億円を超える資産を築くことができました。

投資の世界では、小さく儲けることはさほど難しくありませんが、大きく儲けて資産1億円以上の〝億り人〟になれる人は一握りです。

今、多くの人は投資信託などの積立により、長期で資産を増やす手法を選択しています。損をしづらい賢明なやり方ですが、それだけで億り人になるためには、よっぽど月々の積立額を高額に設定するか、ハイリスクな商品を買うしかありません。

たとえば、最近は「全世界株型」や「米国株型」のインデックス型投資信託が人気です。運用期間における平均利回りが年率7％と仮定すると、頑張って月10万円を20年間積み立てても、将来の運用金額は5000万円強。1億円には到底届かないのです。

僕の資産を爆増させてくれたのは主に不動産投資でしたが、元手ゼロ、フルローンで始めました。その資金効率の良さから加速度的に資産が増えたわけです。このように、お金を大きく稼ぐには「コツコツ投資」では物足りません。では、いったいどうやればいいのか。

本書は、その秘策を投資初心者に向けて執筆したものです。

僕はさまざまな金融商品に投資することで資産を増やし、億り人になることができました。本書を通じてみなさんが投資で資産を増やし、不安と無縁の自由な日々を手に入れるお手伝いができたら幸いです。

まっつん

【Profile】

1979年1月生まれ。佐賀県出身で、都内の某一流ホテル勤務。ホテルマン歴約25年。ホテルバー勤務も長く、ソムリエの資格を持つ。

【投資歴】

- 競馬やパチンコ、そして行き当たりばったりにFX（外国為替証拠金取引）をするなど、投資とギャンブルの違いもわからない状況からスタート。
- 友人のすすめで買った投資信託が値上がりし、投資の旨味を知る。
- ビギナーズラックで儲けた資金を元手に株式投資をスタート。
- 27歳から不動産投資を開始。ワンルームマンションから始まり、次第に一棟不動産も購入するように。ここから加速度的に資産が増え始める。
- 30代半ばで“億り人”に。不動産投資と株式投資がメインだが、そのほかに金（ゴールド）や太陽光発電、ファンドラップ、ロボアドバイザー投資など、さまざまな投資にチャレンジ。
- 40代半ばの時点で資産は3億円を突破。

貯金ほぼゼロから どうやってまっつんは「億り人」になったのか？

3億円超
このときからは予想もつきませんでしたが、その後僕は本格的に投資を始めて資産を増やし
2025年1月時点の総資産は3億円超!
2025年 3億円超
2019年 2億円
2014年 1億円
2011年 5000万円
2006年 1000万円
(円)
300,000,000
250,000,000
200,000,000
150,000,000
100,000,000
50,000,000
0
お金の不安はなくなりました!
ちなみにギャンブルはやめました
※少額投資非課税制度。2024年に制度がリニューアルされた
最近は投資がブーム
もともと年金などの不安があるところに新NISA(※)が始まりました
これで投資に興味を持ち始めた人も多いのではないでしょうか?
貯蓄から投資へ
資産所得倍増プラ
年金不安
NISA口座増加
実際に投資を始める人も増えていますがみんながやっているからといって、焦って投資とギャンブルの区別もつかないまま見切り発車で始めるのはNG!
昔の僕みたいに
大事なお金を元手にするわけですから慎重にいきましょう

そもそも投資とは
利益をあげるために自己資金を投じること
株や投資信託などの金融商品を売買することによって**資産を増やす**のが目的なのです
「投資≠ギャンブル」
ギャンブルと違うのは単なる運任せの勝負ではないという点
投資も100％儲かるわけではありませんが、要点を押さえればギャンブルのように大損するリスクはぐんと小さくなります
それに、昨今は物価が上昇するインフレ時代
インフレになると相対的にお金の価値は下がるので全財産を預貯金にしていると資産が目減りしてしまうリスクもあります
物価上昇で1000万円の預金はどれくらい目減りする？
※金利は0%、物価の上昇率は年２%として計算
(万円)
1000
800
600
400
200
0
1000万円
約817万円
約667万円
現在
10年後
20年後

インフレ
一方で、たとえば株や不動産、金（ゴールド）などは、インフレのときに値上がりしやすいと言われます
投資
それを考えると、預貯金と投資のバランスを考えながら資産を管理するのが重要と言えますね
難しいことはわからないけど、ラクして儲けられないかな～
普通なら「そんなの無理に決まってるだろ！」と言うところだけど
実はそれ、不可能じゃないんです
僕自身、こんな状態からいっぱしの投資家になれたのは、行く先に道しるべがあったから
モヤシ

今でこそ、あらゆる金融商品に投資して成功した経験を持ち、いろんな人に投資について教えている僕ですが
昔は金融リテラシーなんてほぼゼロ！
株
金
投資の達人
今日ももやし炒め
働き始めた頃は薄給でお金がなく、食費を切り詰めて生活する日々
モヤシ
そして、将来に対して大きな不安を抱えていました
老後の年金を心配し貯蓄もなかなか増えず頭を抱えていました
そんな僕が投資家となり不安から解き放たれて自由になれたのは、投資のメンター（指導者）にサポートしてもらったから
それが、渡辺さん（仮名）です
海の物とも山の物ともしれない僕に投資のイロハを教えてくれた大恩人です！

偶然知り合った渡辺さんは熟練の投資家であり資産家――
師よ!
これは将来性
これは低PBR
僕は渡辺さんがすすめてくれた金融商品に投資するところからスタートし、経験値と成功体験を積み重ねて投資家として成長していくことができました
投資をする中で特に役に立ったのが渡辺さんの作ってくれた
「トレースアクションシート」
（※詳しくは本編の32ページを参照）
これのおかげで、やるべきことが整理されて効率的に資産を増やすことができたのです!
短期
5-10年
この経験から僕は投資にメンターは必要だと確信しました
誰でも、最初は投資を難しいと感じるし損をするのは怖いもの
そんなときにメンターのサポートがあれば安心です!

渡辺さん以外にも
僕は投資を通じて
さまざまな人たちと
出会い、学び、
支えられながら
ここまでやって
くることが
できました
そこで、今度は
僕がみなさんの
メンターとなり
投資家として
独り立ちするまで
サポートして
いけたらと
考えています
それが、僕なりの
メンター渡辺さんへの
恩返しでもあります
その一環として
LINEで質問を受けたり
YouTubeやXやブログで
投資情報を発信しています
LINEで
質問したいなら
ここからアクセス！
LINE
X
【某ホテルマン：本著者】
@mattun19790124
ブログ
【まっつんの資産運用ブログ】
https://mattun-freedom.com/
まっつんの資産運用ブログ
YouTube
【まっつん
ちゃんねる】
自由になるための
お金の知識 実践編⑥
大革命！！
新NISAについて
気軽に
質問してね！
さて、本書では
僕が「億り人」になるまでの
道のりを紹介しています

資産の推移も時系列に沿って公開しました
僕が投資する際に何を考えていたか？どんな金融商品を買ったのか？などもリアルに綴っています
目的は昔の僕と同じように将来が不安でお金が増えないと思っている人に投資へのハードルを下げ、興味を持ってもらうこと
そして、最初の一歩を踏み出してもらうことです
投資は何だか怖いでも興味はある——
うんうんわかるわかる！
この本はそんなあなたを後押しするために書きました
読んでもらえばわかりますが、僕は投資の猛勉強をしたわけでもなく、巨額の資産を失うような過酷な体験もしていません
3億円超
それでも資産を大きくすることができました
さあ、みなさんも僕（投資メンター）と一緒に楽しい投資の旅を始めましょう！
¥

Contents

PART 1

1997-2004年

投資デビュー前夜

PART 2
2005年

出会い

PART 3
2006年

資産爆増時代 ❶

PART 4
2007-2008年

資産爆増時代❷

PART 5
2009-2011年

不動産投資絶好調！

PART 6

2012-2014年

資産1億円突破！

PART 7

2015-2017年

海外赴任時代

PART 8

2018-2019年

米国株投資スタート

PART 9

2020-2021年

コロナ・ショックで世界が一変

PART 10
2022-2025年

成功の秘訣！

PART 1

1997-2004年

投資デビュー前夜

過酷なホテルマン生活にモヤモヤする気持ち

PART 1
1997-2004年

18歳で佐賀から上京
――成功を夢見てホテルの専門学校へ

特別お金持ちではなく、かといって貧乏なわけでもない平凡な中流家庭。僕はそんな、どこにでもあるような普通の家に生まれ育ちました。

僕自身、本当にごく普通の子どもで、勉強、スポーツとも中の下。打ち込んでいるものや取柄はナシ。住んでいたのが佐賀の田舎だったせいか、勉強、勉強と追い立てられるようなムードもなく、のんびりと、それなりに幸せな子ども時代を送ってきたと思います。

そんな普通の僕を育てた両親も、もちろん普通の人たちで、堅実な節約家ではありましたが「子どもに早いうちから金融教育を授けよう!」みたいな先進的な考えは持ち合わせていませんでした。子どもの頃、両親に口酸っぱく「ムダ遣いをするな」とは言われましたが、投資について教えてもらった記憶は一切ありません。

〝億り人〟と呼ばれる億単位の資産を築いた投資家の中には、幼少期からお小遣いやお年玉を貯めてタネ銭をつくり、10代で投資を始めた、なんて人もよくいます。〝投資の神様〟

と呼ばれて世界有数の大富豪でもあるウォーレン・バフェットも、子どもの頃、新聞配達などのアルバイトで貯めたお金を元手に株式投資を始めたことで知られます。

一方の僕はといえば、投資なんて頭をよぎることもなく、株とギャンブルの違いすら知りませんでした。ただ、漠然と「お金持ちになりたい」とは思っていたので、高校生のときに「田舎にいたらダメだ、東京に行こう」と決意。東京に行ったら何かがあるはずだ、一旗揚げられるはずだ、と何の根拠もなく思い込み、上京を決めました。

とはいえ、上京するには口実が必要。そこで、ホテルやレストラン・バーで働くことを目指し、ホテルスタッフを育成する専門学校に進学することにしたのです。

1997-2004年

大手ホテルに就職
――薄給のうえに激務、こんなはずじゃなかった！

１９９０年代は高視聴率のテレビドラマがたくさんあって、「姉さん、事件です」の名ゼリフで有名な『ＨＯＴＥＬ』や、高級レストランを舞台にした『王様のレストラン』などのドラマを食い入るように見ていた僕は、そのキラキラした世界観に夢中でした。

ただ、そのわりに入学したホテル専門学校の授業には興味が持てず、すぐに行かなくなって、毎日ブラブラ過ごすように。時間が有り余っていたので、日雇い派遣でいろいろなバイトを渡り歩きました。初めてＦＸ（外国為替証拠金取引）に手を出して失敗したり、競馬やパチンコで失敗したのもこの時期です。この時点でまだ投資とギャンブルを混同していた僕は、何となく「自分は投資に向いていないんだな」などと思ったものです。

その後、目先を変えてアフィリエイト収入目的でブログを書いてみたり、ヤフオクの転売で儲けようとしたりと、場当たり的にあれこれ手を出しては長続きせず、何も残らないまま終わる、ということを２年弱にわたって繰り返していました。

そんな状況ながら、なぜか卒業はできたので、就職活動をして内定をもらえたホテルに勤めることに。これまたなぜ入れたのかわからないのですが、就職先は国内外のＶＩＰも訪れる超一流ホテルでした。

一応の目標を達成した僕は、胸を躍らせて入社しましたが、実際に働いてみると仕事はきつく、昼も夜もない激務の毎日。優雅に見えて実は体育会系の職場で、時代的にまだ先輩のパワハラは当たり前。それでいて給料は安く、もらってしばらく経つと銀行の口座残高はほぼゼロに。給料日の1週間前からもやし生活に突入し、味に飽きたらもやしにふりかけをかけて食べる日々を送りました。

こんなはずじゃなかった——僕はそのとき、初めて社会の厳しさを思い知りました。

手探りで投資を始める
――しかし運に左右される未熟なもの

がむしゃらに働き続けて2年余り経ち、しんどさは変わらないものの、僕は相変わらずホテルという空間自体は好きでした。きらびやかで、きれいな服を着たお金持ちが集う非日常空間。僕はホテル内のレストランやバー勤務が多かったのですが、「ここで働くのではなく、いつかこういう場所で気兼ねなくお金を使える人になりたい」と考えていました。

しかし、現実は節約しなければ生活が回らない日々。この時点で月の手取りは20万円前後。休みの日は同僚とお酒を飲んだり、映画を観たり、本を読んだりするだけの質素な日常を送るだけで、収入の大半が消えていきました。

これまでギャンブルなどに手を出したことはあったものの、僕はもともとお金に対して執着心がなく、物欲もあまりないほう。にもかかわらず貯金が増えていかない現状に対し、徐々に不安を覚えるようになっていきました。

「このままだと、そんなに給料が増えるとも思えないし、将来大丈夫なんだろうか……」

株や投資信託を買ってみよう、と思い立ったのはそれからです。

働き始めて貯金は増えていませんでしたが、僕には就職したときに両親が渡してくれた、幼少期からのお年玉をコツコツ貯めたお金がありました。それと学生時代の貯金を元手に、まず投資信託を買ったのですが、ビギナーズラックでこれが大きく値上がり。気をよくした僕は、さらに株や投資信託を買いました。さして研究もせず適当に買ったので、結果はマチマチ。うまくいくときもあれば大損するときもありました。

タネ銭を多少増やせたものの、結局は運任せのギャンブルと変わらず、長期的な資産形成につなげるのは難しいな、とすぐに行き詰まりを感じることになったのです。

1997-2004年

ホテルの常連客が自分の投資メンターに
――ここから人生が変わった

そもそも株や投資信託を買おうと思ったのは、効率的に副収入を得たいと考えたからでした。普通は、大切な自分のお金を使って元本割れリスクのある投資をするのであれば、きちんと勉強しようと思うところです。ただ、僕は毎日忙しすぎて、あまり投資の勉強にあてる時間がとれない状況でした。適当にやる投資はギャンブルになってしまうということに遅ればせながら気づいた僕は、次なる一手をどうするか悩んでいました。

そんなときに出会ったのが、その後僕の〝投資メンター〟になる渡辺悟朗さん（仮名）です。渡辺さんはおじいちゃんといってもいい年齢の男性で、僕の勤めるホテルのレストランの常連。いつも一人で来ており、自然と会話を交わすようになりました。話をするうちにわかってきたのは、渡辺さんが熟練の投資家であり、資産家であるということでした。

「渡辺さんはまるで、和製ウォーレン・バフェットですね。僕、投資に興味があるので弟子にしてもらえませんか？」

「うーん、君は何を目的に投資をしたいと思っているの？ゴールを決めずに見切り発車はダメだよ」

「今まで投資について教えてくれる人もいなくて、見切り発車をしまくっていたかもしれません……」

「投資はマラソンと一緒でコースメイクやペース配分が重要。まずはどこにゴールを設定するか考えてごらんよ」

「えーと……余裕を持って生活して、先行きの不安をなくすために貯蓄したいです。当面の目標は1000万円くらい？」

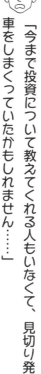

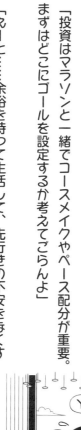

そんな会話を交わしてから、僕は渡辺さんに少しずつ投資のイロハを教わるようになりました。そのとき僕はまだ20代半ば。渡辺さんは孫の面倒をみるような気持ちだったのかもしれません。

なお、弟子入りの条件として、渡辺さんが提示したのは「必ず自分が言ったとおりに投資をする」ということでした。素人が変に自己流を取り入れて投資すると必ずヤケドをするから、というのがその理由。実際に、渡辺さんに出会う前に何度となくヤケドを繰り返してきた僕は、その理屈がすっと腑に落ちました。

この時点で、僕の資産は４５０万円ほど。そこから僕は渡辺さんの指導の下、株式投資から始めていくことになります。

PART 2

2005年

出会い
投資メンターから教わったこと

PART 2

2005年

投資メンターが伝授 ――「トレースアクションシート」について学ぶ

僕の師匠・投資メンターの渡辺さんは、いつもこざっぱりした格好をしていて、ほぼ毎日ホテルの高級レストランなどで外食し、支払いはブラックカード。それでいて、一部のお金持ちにありがちなギラギラした雰囲気はまるでなく、物静かで上品な佇まいの人でした。もちろん、自分の実績を自慢するような押しつけがましさもありません。

前述のように、渡辺さんからは投資のレクチャーを受けるにあたって「必ず自分が言ったとおりに投資をする」ことを厳命されていました。僕が出会って間もない渡辺さんを信頼することができたのは、「いつかこんな人になりたいな」と素直に感じられたからだと思います。もっとも、世の中には「元本保証のうえ高配当」みたいな、いかにも怪しい金融商品をすすめてきたり、「運用してあげるから、お金を自分に預けて」などと言葉巧みに誘導してきたりするサギ師もたくさんいるので、簡単に人を信じるのは絶対にダメです。

渡辺さんが教えてくれた金融商品は、どれも一般に流通していて、証券会社などを経由し、誰でも投資できるものでした。運用の仕方は教えてくれたものの、口座を開いて注文を出すのはあくまで僕自身なので、お金を持ち逃げされるようなリスクがゼロだったことも付け加えておきます。

渡辺さんは、まず僕に「トレースアクションシート」なるものを作成してくれました。トレースアクションとは、直訳すると〝マネして行動〟。渡辺さんは「とにかく、君はこのシートに書かれた行動をマネするだけでいいからね」と言いました。

作成にあたって、渡辺さんはその時点の僕の資産や毎月の収支、さらには家族構成（ちなみに、今も昔も独身・一人暮らしです）や趣味などのライフスタイルに至るまで、細々と聞いてきました。

また、いつまでにいくらお金が必要かという質問もされました。家族がいたら、子どもの進学やマイホームの購入などで、節目・節目にお金が必要になります。たとえば「子どもが小学校に上がる5年後くらいまでにマイホームを買いたい。頭金として1000万円は貯めよう」など、具体的な目標を持っている人もいるでしょう。

ただ、僕は独身で、彼女はいたものの結婚願望がなく、持ち家志向もナシ。よって、その時点で想定し得る将来のライフイベントが「定年退職」くらいしかありませんでした。

そこで、恐る恐る「いつまでにいくらっていうのは特にないんですけど、生活に余裕がほしいので、とりあえず1年で資産1000万円到達とか……無理でしょうか」と言ってみたところ、渡辺さんは「なるほど、1000万円ね。今の資産がだいたい450万円だから、あと550万円増えればいいわけね」と、事もなげに承諾してくれました。

そして、完成したのが左ページのトレースアクションシートです。

なお、これは当時の僕の状況に合わせて作成されたものであり、万人に適用できるものではありません。トレースアクションシートは、その人の目標やライフプランに合わせて、オーダーメイドで作成するのが基本です。それを踏まえたうえで、当時の僕のトレースアクションシートについて、もう少し詳しく説明していきましょう。

ご覧のとおり、トレースアクションシートには3つの時間軸があります。

初期時点のトレースアクションシート

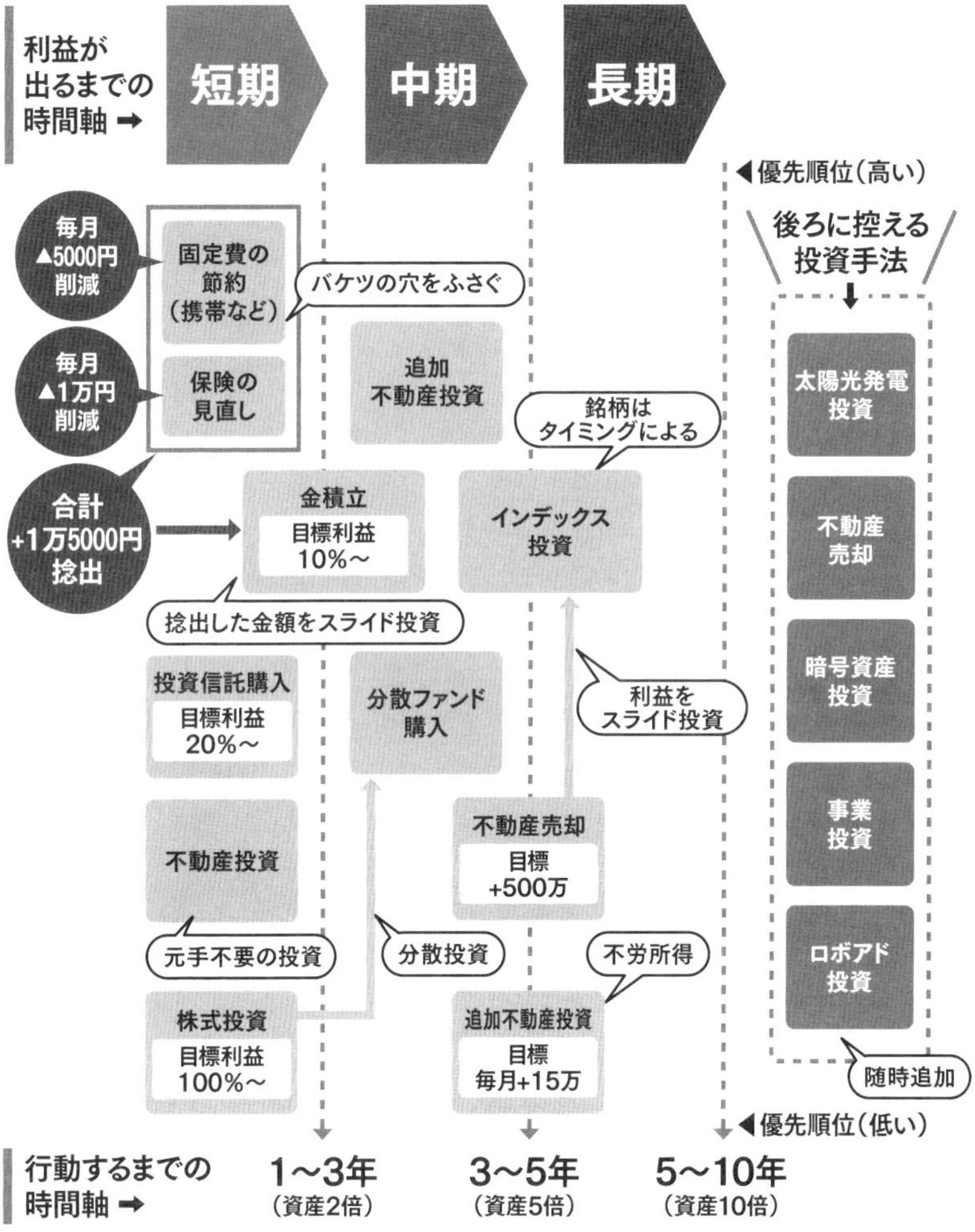

「短期」↓すぐ行動でき、結果も早く出るアクションを指します。
「中期」↓利益が出るまでに少し時間がかかるアクションを指します。
「長期」↓時間をかけて大きく資産を育てることを見込んで起こすアクションを指します。

「まずは短期のアクションから始めてみよう。短期のくくりの中にもいくつか項目があるけど、上の項目ほど優先順位が高いことを意味しているからね。では、君が最初にすべきことは何かわかるかな？」

短期の欄の一番上にあるのは「固定費の節約」と「保険の見直し」。のっけから「投資じゃないじゃん」と思いましたが、渡辺さんは涼しい顔で言いました。

「まずバケツの穴をふさがないと、せっかくお金を増やしてもムダになるでしょ」

そのときは「バンバンお金を増やせる方法を教えてもらえる！」と期待していたので、はしごを外されたような気持ちになりましたが、今から思うと、これは重要な指摘でした。明らかにムダなものにお金を垂れ流していたら、効率的に資産を増やすことはできません。明らかにムダなものとは、たとえば、ほとんど行っていないジム代、身の丈に合わない携帯料金のプラン、独身なのに高額な死亡保障の保険に入っている——などです。毎月出ていく固定費は、面倒でも一度見直せば節約効果が継続するので、支出を見直したいなら真

っ先に取り組む価値があります。
渡辺さんは「私はムダ遣いが嫌いでね。たとえば、急に現金が必要だというとき、近くに手数料がかかるATMしかなかったとしたら、ちょっと遠くても無料ATMがあるところまで行くことにしているんだ」と言っていました。
それを聞いたときは「渡辺さん、意外とケチなのかな？」なんて失礼なことを思ったものですが、後に知り合った別のお金持ち（実業家や投資家）も、同じようにムダ遣いが大嫌いという話をしていて、金額の多い少ないにかかわらず、「絶対ムダなことにお金を使わない」というマインドは、資産形成において重要なことなのかもしれない、と考えるようになりました。

2005年

株・投資信託を買い始める
――成長性の高い国内外の株に投資

トレースアクションシートに従い、僕は素直に携帯電話料金の見直しや不要な保険の解約などを行って、月額1万5000円の固定費の節約に成功しました。なお、浮いたお金は、そのまま金（ゴールド）の積立にスライド投資させることになりました。

それから、やはりトレースアクションシートに従って、投資信託の購入や株式投資を行うことに。以前買った株はまだ少し持っていましたが、それらを整理し、渡辺さんがイチオシする日本株を3銘柄と、米国株のインデックスに連動するETF（上場投資信託）を2本、それから当時、じわじわとブームになりかけていた中国株を1銘柄だけ買うことになりました。元手にあてたのは、手持ちの株を売却したお金と、残してあった貯金です。給料の3カ月分程度の現金だけを手元に残し、あとはすべて投資に回しました。

投資をするにあたっては、渡辺さんに次のように念を押されました。

「繰り返しになるけれど、私の言うとおりに投資するというのを絶対に守ってほしい。自己判断で行動したり、家族や友人みたいな投資の素人に相談したり、手数料商売の金融機関に話を聞いたりしても、君の得になることは何もない。ネットに載っている真偽不明の言葉に惑わされて不安になることもあるかもしれないけれど、そんな無責任な情報は絶対に信じないこと」

　言われたときはピンと来ませんでしたが、投資で大きなお金を動かしていると不安になり、誰かに相談したい気持ちに駆られがち。ですが、僕を金づるだと思っている（かもしれない）金融機関に相談したり、投資で成功しているわけでもない人に助言を求めたりしても、事態は悪化するだけです。僕は渡辺さんに「言われたことは絶対守ります！」と誓いました。

　結果的に、渡辺さんに言われて買った

渡辺さんの オキテ

一、自己流で投資するべからず！

自己の判断で行動せずに、必ず成功者にならって行動すること！

二、周りに相談するべからず！

配偶者や家族など、背中を押してもらいたい気持ちはわかるが、素人に相談したところで意味なし。ぐっと堪えよ！

三、銀行や証券会社からの提案は疑え！

手数料商売の彼らから正確な知識や情報はなく、払うのは高い手数料だけ！

2005

株やＥＴＦは、のきなみ大きく値上がりしました。２００５年は相場環境が良く、株の含み益は膨張。その後、２００６年１月にライブドア・ショックが発生し、全体相場は大暴落するのですが、僕は渡辺さんの巧みな助言のおかげで、暴落直前に利益を確定させることができました。

２００５年の年末までに、株式投資の利益はなんと５００万円を突破。総資産は９００万円を超え、１年経たずして目標の１０００万円まであとわずかになりました。自分でもビックリしたものです。

この体験から、僕は投資にメンターは必要であり、実際に結果を出している人の導きほど信じられるものはない、と確信するようになったのです。

PART 3

2006年

資産爆増時代❶

投資用不動産の購入

PART 3
2006年

不動産投資スタート
――目標達成から新たな目標に向けて始動

2006年に入り、株式市場は値動きの荒い展開が続いていましたが、僕の成績は上々でした。その頃の僕は、投資に本腰を入れたこともあり、社会・経済のニュースに興味が出てきて、マーケット情報も自ら収集するように。仕事の前後や休憩時間にマーケットをウォッチしたり、集めた情報に目を通したりするのが日課になりました。以前ならまったく興味が持てなかった日経新聞も、エンタメ感覚で面白く読めるようになっていました。

仕事の面でも変化がありました。職種がレストランのウェイターから、ホテルバーのバーテンダーに変わったのです。カウンター越しにお客さんと雑談する機会も増えました。

高級ホテルのバーといえば、お酒1杯が2000～3000円もするのが当たり前。それを平気で飲みに来られるお客さんたちですから、当然、お金持ちが多くなります。彼らと雑談をするにも株や経済の知識は大いに役立ち、僕は「若いのにしっかりしている」と気に入られ、大勢のお金持ちと仲良くなりました。一般人はあずかり知らない、富豪ならではのスケールの大きい話を聞くのも楽しみでした。27歳になり、僕は投資も順調、それに引っ張られるように、仕事もまずまず順調と言える状況になっていました。

一方で、渡辺さんとはこまめにやりとりを続けていたのですが、あるとき渡辺さんがこう言いました。

「そろそろ不動産投資を始めてみようか」

トレースアクションシート（35ページ参照）でも、早い段階で不動産投資を始めることになっていたので、いずれ挑戦することはわかっていました。ただ、それはもう少しお金が貯まってからなのかな？　と漠然と思っていたので、僕は言いました。

「渡辺さん、僕、不動産を買えるほど、まだお金が貯まっていませんけど……」

「お金がない？　大丈夫。不動産投資はね、元手が少なくてもできるんだよ。ローンを組めばいいんだから」

「そうなんですか？　でも、さすがにいくらでも借りられるってわけじゃないですよね？」

「そうだね。でも、2000万円くらいは借りられるから、ワンルームマンション投資ならできるよ」

「へえ、面白そうですね！　でも僕、不動産に詳しくないんですけど、どれくらい儲かるんですか？」

「ローンは家賃収入から返していけばいいから、返し終わったら家賃収入が毎月手元に入ってくるよ」

僕の資産は株で増えて、2006年の前半時点で当初の目標である1000万円に達するまでになりました。不動産投資の話が出たのは、次の目標として「30歳までに資産3000万円くらいですかね」と、渡辺さんに話をしていた矢先のことでした。

渡辺さんの話を聞き、僕は俄然不動産投資に興味を持ち始めます。もともと「生活に余裕がほしい」「老後などを見据えて、ある程度の蓄えがほしい」という目的で投資を始めていたので、毎月家賃収入が得られるのは非常に魅力的だと感じたからです。定年退職した後も不動産からの収入があれば心強く、〝私設年金〟のような役割を果たしてくれるでしょう。もちろん、所有している途中で大幅に値上がりしたら、売って売却益を得ることもできます。

しかも、元手の大部分は銀行からの融資でまかなえるというのが、僕にとっては大きな驚きでした。当然、審査はありますが、幸いにして僕には借金はなく、クレジットカードの返済の延滞など、信用情報に傷がつくような履歴もありませんでした。有名ホテルに勤続7年目ということもあり、お金は問題なく借りられるだろうと渡辺さんは言いました。

実際、ローンについては問題なく話が進み、すぐに資金の算段はつきました。そこで、僕はワンルームマンション投資に挑戦することを決意し、またも渡辺さんの指示をあおぎながら物件探しを始めることになったのです。

2006年

都内のワンルームを購入
――ローンを活用して自己資金ゼロで成功

投資の世界では「レバレッジを効かせる」という表現がよく使われます。小さい力で大きいものを動かすことを「てこの原理」といいますが、レバレッジもこれと同じ意味。少額の元手で大きいお金を動かすこと＝レバレッジを効かせる、ということです。

株式投資では「信用取引」というものがあり、元手が少なくても、証券会社からお金を借りることで自己資金の約3・3倍の取引が可能です。レバレッジ3倍なら利益も3倍になるので効率的に資産を増やすことができます（もっとも損失も3倍になるわけですが）。

不動産においても、不動産投資ローンでお金を借りて投資をするので、レバレッジを効かせた投資ということができます。僕の場合、2000万円を借り入れて不動産投資を始めました。株は自己資金ゼロだとお金を借りられませんが、不動産の場合は借りられます。

僕が自己資金ゼロのフルローンで購入したのは、東京都中野区のワンルームマンション。これを家賃7万円で貸しました。ローン返済額も毎月約7万円だったので、家賃収入の範囲内で返済することができました。

不動産を買ったばかりのときは、買った実感がありませんでしたし、家賃収入の範囲内で返済できたこともあって、お金を借りたという実感すら薄いものでした。自分は相変わらず賃貸マンションで暮らしているのに、この東京に自分の物件がある、というのは何だか不思議な感覚でした。

不動産投資には「空室リスク」というものがあることを忘れていたわけではありません。借り手が見つからないと家賃収入はゼロとなり自力でローンを返す必要が出てきます。最初の物件は、すぐに入居者が入ってくれましたが、そうならないケースもあるでしょう。「本業の仕事は当分辞められないな」とため息をつきましたが、本業があるからこそ不動産投資に挑戦できたことは良かったな、とも思ったものです。

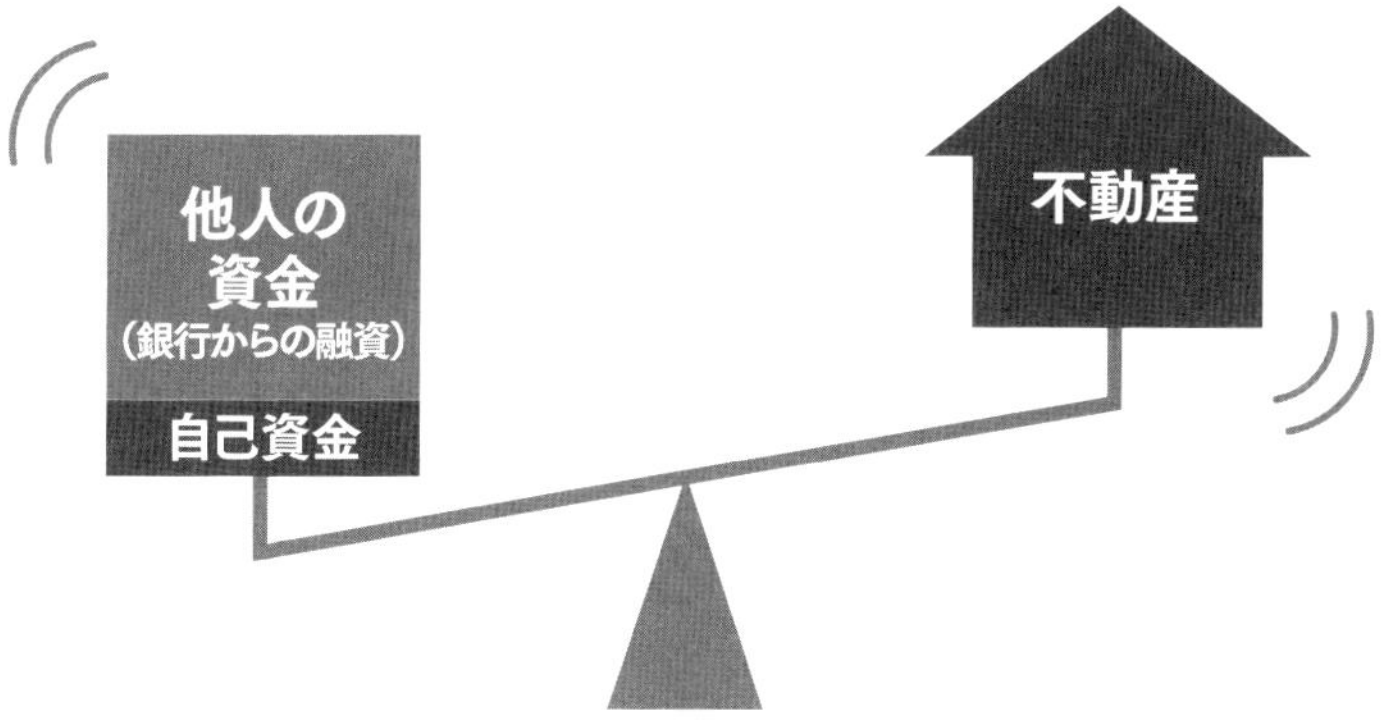

2006年

6年後に500万円の利益！
──いい業者との出会いが成功の秘訣

よく「不動産投資って大金を借りることになるから、始めるときは怖いと思いませんでしたか?」と聞かれることがあります。

正直、僕は初めからまったく怖いとは感じず、むしろ新しいステージに進んでいくことにワクワクしていました。僕はもともと行動力があり、興味を持ったことはすぐにやってみるし、ダメならダメで何とかなるさ、と考えるタイプです。「勇気があるね」と言われることもありますが、自分ではただの楽観主義者だと思っています。

不動産投資はあくまで投資なので、損をする可能性もゼロではありません。それでも僕は「失敗も経験、ダメだったら飲みの席でネタにすればいいさ」くらいの感覚でした。「失敗したらどうしよう」とウジウジ悩んでいたら、先に進めません。立ち止まっていることは機会損失につながるので、僕は思い切りよく不動産投資の世界に飛び込みました。

最初にやったことは、渡辺さんに不動産投資の業者を紹介してもらうことです。不動産投資にかかわる会社は数多くあり、なかには高額な手数料をとって売れ残り物件を押し付けてくるような悪質業者も存在します。また、唐突に「マンション経営に興味ありませんか?」などと営業電話をかけてくる業者もＮＧ。そのような営業で持ちかけられる物件に、優良物件はまずありません。

素人が自力でいい業者を探すのは難しいものです。僕が渡辺さんに紹介してもらったように、結果を出している人からの紹介が一番安心でしょう。

僕は不動産投資業者の担当者と仲良くなり、あれこれアドバイスをもらったうえで物件を買いました。担当者は都内で利便性が高く、借り手が途切れることがなさそうなエリアにある物件を提案してくれました。

不動産投資業者には
悪質業者も…

例❶
存在しない
不動産を売りつける

⇒投資家が現地確認をしにくい海外の不動産を売りつける手口。存在しない不動産を販売したり、実際の価格より大幅に高値で販売したりする例も。

例❷
空室リスクの高い
物件を売りつける

⇒実際には空室が多い物件なのに、サクラを雇って満室であるかのように見せかけて安心させ販売。売れたあとはサクラが退去して空室だらけに。

この取引をきっかけに、僕は不動産投資をさらに加速させていくことになります。

こうした経験を通じてわかったのは、不動産投資では業者とのコネクションが何より大事であるということ。僕が仲良くなった担当者は、優良物件が出るといち早く紹介してくれて、それが僕の資産を順調に増やす原動力になりました。

ちなみに、最初に買った物件は一度も空室になることがないまま、6年後に買値から500万円値上がりしたところで売却することができました。担当者に「このエリアは、これから値上がりしますよ」と言われたことも決め手になって買ったのですが、その言葉に偽りがなかったことが証明されました。

PART 4

2007-2008年

資産爆増時代②

株や
ファンドラップに
挑戦

PART 4
2007-2008年

投資の幅を広げる
――物件の追加購入とファンドラップ

最近またインバウンドの増加でホテルが増えていますが、2007年は都内に外資系のホテルがどんどん進出してきた年でした。その影響で転職を決め、辞めていく同僚も多くなり、基本のんきな僕も、おのずと自分の将来に向き合わざるを得ませんでした。

同僚と飲んでいても、転職の話題になることがよくありました。僕自身は、その時点ではわりと職場(ホテルバー)が気に入っていたので、すぐ転職という考えはなかったのですが、多くの同僚は主に低賃金と重労働を理由に、心の底から転職したがっていました。重労働については完全に同意でしたが、その頃の僕はお金に余裕ができていたので、そこまでの切迫感はなかったように思います。まさに、お金の余裕は心の余裕です。

その余裕がにじみ出ていたのでしょうか。酒の席では、同僚から借金を申し込まれることが何度かありました。一人ではなく、複数の同僚からです。「転職して引っ越したいけど、金欠で」「資格の勉強をしたいんだけど金がなくて」など、理由はさまざまでした。

自分で言うのもなんですが、僕は人が良さそうな外見で、喋り方もソフトなほう。周囲には、投資の話を少しだけしていたため、金回りがいいと思われていたのでしょう。借金の申し込みをするにはうってつけの相手だったのかもしれません。

普通なら貸さないところなのでしょうが、この頃の僕は「少額ならいいか」と、気前よくお金を貸していました。酒の席で頼まれるので、酔って気が大きくなっていたせいもあります。相手もそれを見越して飲ませていたのかもしれません。

ただ、貸したお金がすぐに返ってくることはまずなく、何度も催促してやっと取り戻せたらいいほう。ひどい場合は相手が返済せずに転職し、そのまま音信不通になることもあ

りました。

その話を別の友人にすると「貸すほうも悪い」と叱られました。確かに、それはそのとおりなのでしょう。まったく悪いことをしたつもりはないのに、自分が悪いことになっている――ちょっとした人間不信に陥りつつ、結局頼れるのは自分自身と、自分のお金だけだと思ったものです。

そうなると、ますます資産運用には熱が入ります。幸い、前年に投資したワンルームマンションは順調に家賃収入を生んでいました。

「君、30歳までに3000万円を目指したいんだよね。今28歳だっけ。だったら、追加で不動産投資と、ほかにも株なんかを買っておこうか」

投資メンターの渡辺さんにもそのようにアドバイスされ、僕はさらに物件を追加で買うことにしました。1件目のときと違い、2件目以降は1件目の時点で仲良くなった業者に相談するだけなので、スムーズです。渡辺さんと業者のアドバイスを受けながら、僕は2007年にワンルームマンションを2件、またもフルローンで買いました。

同じ時期、米国におけるサブプライムローンの焦げ付き問題から、株式市場は急落していました。

「そろそろ大きなリセッション（景気後退）もありそうだな」

2007-2008

と、渡辺さんが予言していたのを覚えています（実際、翌年リーマン・ショックが勃発し、世界的に景気が冷え込みました）。
「それなら、今はあまり投資のチャンスじゃないんですかね？」
僕が尋ねると、渡辺さんは言いました。
「短期的に下がったとしても、いつだって投資のチャンスは転がっているよ。バブル期でも、戦争みたいな有事のときでも、その時々で有用な投資先というのはある。知ってのとおり、投資先は日本国内の金融商品だけじゃない。世界のどこかでは経済は成長し続けているんだから、その成長に乗っかる投資をすればいいんだ。君、最近経済や金融に興味を持っているんだろう。これから先、何を買ったらいいと思う？」

改めてそう尋ねられると、とっさには何も浮かばず、僕は言葉に詰まりました。すると、渡辺さんは言いました。

「君はまだしばらくは、私みたいな人間をメンターにして投資の修業をしたほうがいいだろう。私自身、昔は詳しい人に勉強させてもらって、運用のノウハウを学んだんだ。でも、いつかは自分で考えて投資できるようになりたいとも思うだろう？　それだったら、こんなときは何に注目するか、あんなときはどれを買えばいいか、と常に考えるクセをつけたほうがいいね」

もともと渡辺さんの教えに完全に従うという条件で始めた投資でしたが、確かに、僕はだんだんと自分でマーケットのことを勉強するようになっていて、ノープランで投資していた20歳そこそこのときと違い、自分の頭で考えて投資してみたいという気持ちも芽生えていました。それに、渡辺さんにいつまで教えを乞うことができるのかもわかりません。

「僕はまだヒヨッコなので、正直、今何を買うのが正しいのかは全然わからないんですけど……」と、僕は率直な気持ちを話しました。「でも、最近は渡辺さんみたいな運用の達人が、こういうときにどんな金融商品を買うのかな、と興味を持っていますし、好成績のアクティブ型の投資信託があったら、ファンドマネジャーがどんな銘柄を組み入れているのかをチェックすることもあるんですよ」

なるほど、と渡辺さんは頷いてから言いました。「だったら君、次はファンドラップを買ってみたらいいよ」

ファンドラップは、自分の運用方針を伝えると、それに基づいて運用・管理を金融機関に一任できる商品のことです。最近、多くの金融機関が力を入れていますが、その時点で僕にとっては初耳でした。

「単純にお任せできてラクなだけじゃなく、金融のプロの運用手法を目の当たりにできるから勉強になるよ。ただ、インデックスより成績の悪いファンドラップもかなり多いから、何でもいいわけじゃないけどね」

そこで、僕は渡辺さんに紹介された某証券会社で、300万円を投じてファンドラップを始めることになりました。

ファンドラップの仕組み

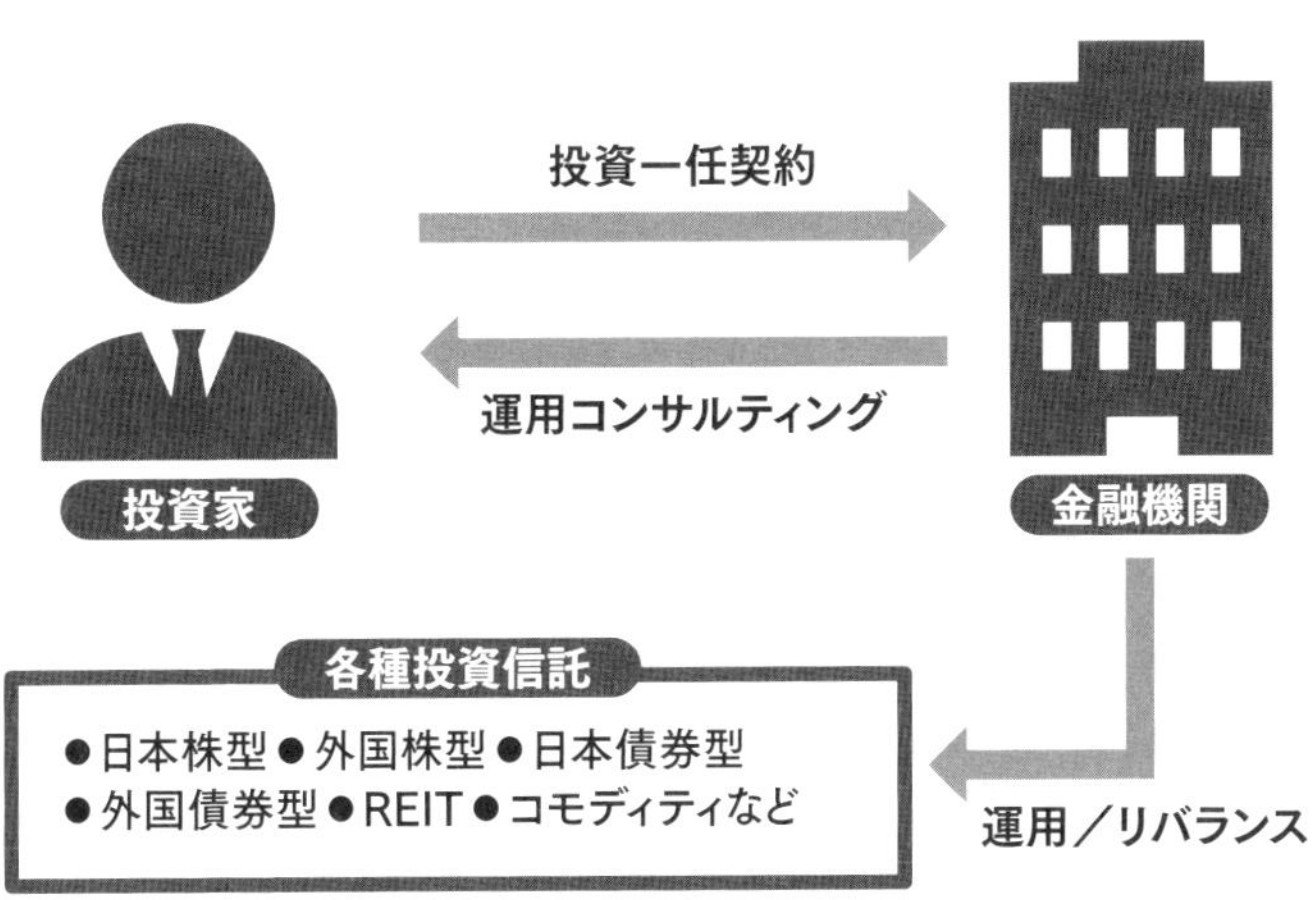

2007-2008年

資産が膨らみ始める
——そんな矢先に金融危機が到来

渡辺さんに言われて僕は証券会社に出向き、渡辺さんと親しいファンドラップ担当者の田中さん（仮名）と話をしました。聞かれたのは「どれくらい資産を増やしたいか」「リスク許容度はどれくらいか」などです。ヒアリングの内容は、以前トレースアクションシートを作成した際、渡辺さんに聞かれた質問と重なるところが多くありました。

田中さんは明るく話しやすい、かといって舌先三寸という感じもない人で、僕にファンドラップのメリット・デメリットをざっくばらんに話してくれました。

「ファンドラップはご自身で運用判断をしていただかなくても、プロの力を借りて、ご自身の運用方針に近い投資ができる点がメリット。その半面、コストが高くつくというデメリットがあります。ファンドラップで組み入れるのは投資信託なので、信託報酬というコストが発生しますが、それに加えて私たちのほうで頂戴するラップ口座の管理手数料と、投資一任契約に基づく報酬をご負担いただくことになるからです」

「コストが高いってことは、結構運用益が出ないと
コスト負けしちゃいそうですよね？」

「成果報酬は利益が出なければいただきませんが、
運用益が少ないと、負担感は大きくなりそうです」

「守りの運用をしたい富裕層には不向きなのかな。
でも、僕は攻めの運用をしたいので！」

「それでしたら資産クラスは株式メイン、今は市場の
雲行きが怪しいので、幅広い分散が必要ですね」

「僕の金融資産は今のところ日本に偏っているので、
国際分散投資には興味あります！」

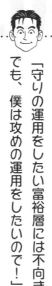

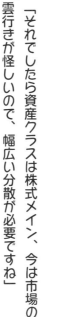

僕は日本株や先進国・新興国の株、国内外の債券、金などのコモディティ（商品）、海外REITなどを組み合わせた、利益追求型のポートフォリオを組んでもらいました。

ファンドラップ運用を始めてからはほったらかしにしていたのですが、毎月田中さんからは電話で連絡があり、運用レポートも定期的に送られてきました。電話は仕事中で出られないことも多かったのですが、出られたときには運用状況を説明してもらい、運用の狙いなどを聞くことができたので、それは勉強になったと思います。

2008年9月まではそんな感じで運用を続けていたのですが、そこでマーケット環境が一変する出来事――リーマン・ショックが起こります。

米国の大手投資銀行リーマン・ブラザーズが破綻し、世界同時株安になったあの時期のことは忘れられません。日経平均株価は約1カ月にわたって下落。大ダメージを受けて撤退を余儀なくされた投資家は多かったですし、実体経済も甚大な損失を被りました。企業の倒産が増え、失業者も増えました。世の中全体が大きく動揺していました。

僕自身は、2007年の時点で渡辺さんがリセッションを予言していたこともあって、その時点では保有株の大半を整理し終わっていました。ただ、ファンドラップの資産は大きく目減りしていましたし、マンションについても「不景気で借り手がつかなくなったらどうしよう」と不安に駆られました。

そんなときも心強いのは渡辺さんです。

「大丈夫、これで大底まで行ったら、そこからは絶好の株の仕込み時だから。バーゲンセールみたいなもので、普段なら株価が高くて買いにくいような、大型優良株も安く買えるはずだよ」

いくら渡辺さんに言われても、今買うのは正直怖い、と僕は思いました。日経平均株価は1年前の半値以下になろうとしていました。また、この下げで目減りしたものの1200万円くらいに増えていた資産を守りたい気持ちもありました。

ですが、渡辺さんが間違えたことはありません。ピンチはチャンス……になるのかもしれない。僕は渡辺さんを信じて、荒れた相場の中に飛び込んだのです。

COLUMN

リーマン・ショックが起こって分散投資の大切さを知る

2008年9月にリーマン・ショックが起こった直後、何となく世界が暗くなったなあ、と感じたことを覚えています。

まず、勤務先のホテルバーに来るお客さんの数がガクンと減りました。宿泊客ももちろん減少し、ホテルの業績は赤字転落。僕の勤務先に限らず、どこも同じような状況で、外資系ホテルの進出ラッシュに沸いていた業界は、急速にシュリンク（収縮）しました。知り合いがリストラされたという風の噂を聞くこともありました。

曲がりなりにも大手の一流ホテルに勤めているわけだから、投資で大失敗しても食いっぱぐれはないと思い込んでいましたが、それは間違いだったのかもしれない——と、以前より空いているバーのカウンターに立ちながら思いました。

本業を失うリスクは誰にでもあります。だからこそ、収入源を複数持ち、分散させておくことが身の安全につながる。やっぱり僕には投資しかないな、としみじみ思いました。

ただ、僕が株の短期売買しかやっていない投資家だったとしたら、リーマン・ショックで爆死していたかもしれません。それほど、国内外の株式市場の暴落ぶりはすさまじいものでした。

ですが、僕は不動産や金などにも資産を振り分けていました。不動産価格は株式市場の動きと時間差で連動しますが、僕がその時点で買っていた3物件はそこまで暴落せず、ありがたいことに空室になることもありませんでした。

といっても、外資系金融機関に勤める人などが多く住む一等地の高級マンショ

ンは空室が急増していたので、不動産投資家でも大ダメージを受けた人は多かったでしょう。不動産投資もできることなら、一点集中ではなく種類や立地の異なる物件を複数持って、分散を図ることが理想だと実感しました。

実際、その後資産が大きく増えてから、僕は都内のマンション、大阪のアパート、さらには沖縄のリゾートマンションなどにも投資しています。不動産以外では、太陽光発電、暗号資産（仮想通貨）と資産分散の幅を広げました。

いずれも値動きが異なるため、資産全体が一度に急落するリスクを軽減でき、攻めながらも守ることにつながっているというわけです。

PART 5

2009-2011年

不動産投資絶好調！
ついに一棟不動産を購入する

PART 5
2009-2011年

不動産投資が加速
——一棟不動産に興味を持つ

2008年秋のリーマン・ショック以降、世の中は不景気に陥っていました。日経平均株価はバブル後最安値を更新。暗いニュースが多いなか、僕は渡辺さんを信じてせっせと株を買っていました。渡辺さんの言葉どおり、その時点では日本を代表するような有名企業の株でも、かなりの安値で買うことができました。

2009年に、僕は30歳になりました。ファンドラップなど一部の資産は目減りしていましたが、残債が減った区分所有のワンルームマンションを一つ売って利益が出たこともあり、資産は3000万円に近づこうとしていました。

そうなると、次の目標は〝億り人〟だな、と漠然と考えていましたが、気がかりなのは渡辺さんと前ほどちょくちょく会えなくなる可能性が出てきたことでした。渡辺さんは投資のほかにさまざまな事業を行っていましたが、そろそろ事業からは引退して、ハワイで悠々自適の生活を送ることにした、というのです。

「しょっちゅう帰国するから」と言われて安心したものの、一生渡辺さんに頼ってはいられないんだよな、とも思いました。

そんなとき、僕は渡辺さんからある人物を紹介されます。それが、後に僕の投資仲間となる杉崎耕太くん（仮名）でした。

杉崎くんはメーカー勤務の会社員で、パッと見は普通の青年なのですが、話してみるととてもユニークな人でした。何でも、10代からあらゆる投資をしてきたそうで、今は特に不動産投資に力を入れているといいます。

投資しているなら不動産に詳しいのは当然なのでしょうが、杉崎くんは詳しいというより、もはやマニアの領域。異常なまでに不動産市場を研究しているのです。渡辺さんはそんな杉崎くんを面白がりながらも買っているようでした。

「杉崎くん、面白いでしょ。不動産投資の読みも的確だし、私も勉強になることが多いんだ。だから君も、これからは杉崎くんにもアドバイスをもらうといいと思うよ」

渡辺さんが僕と杉崎くんを初めて引き合わせてくれた日は、3人でお酒を飲みながら、不動産投資についてさまざまな話をしました。渡辺さんが興味を持っている海外の不動産の話や、杉崎くんが投資した物件の話。あるいは、不動産投資の未来についてなど。話は尽きず、僕は心から楽しい時間を過ごしました。

それからまもなく、渡辺さんはハワイの地に旅立っていきました。入れ替わるようにして、僕は初対面ですぐに気が合った少し年下の杉崎くんと、ちょくちょく飲みに行くように。杉崎くんはやや変わり者ながらも誠実で、すぐに友人と呼べる仲になりました。

あるとき、僕は杉崎くんに「次の目標は〝億り人〟なんだよね」と語りました。すると杉崎くんから返ってきた答えは「じゃあ、次に投資するのは一棟不動産じゃないですか？」というものでした。

「まっつんさん、ワンルームマンションを買ってましたよね？」

「うん。この間、渡辺さんに言われて一つ売ったけどね」

「ワンルームももちろんいいと思うんですけど、もっと利益を上げたいと思うなら、断然一棟不動産ですよ」

「一棟……って、そりゃ儲かるだろうけど、高くない!?　ローン審査通らないでしょ」

「いや、そんなことないですよ。少額の頭金か、フルローンでも大丈夫です」

「ホントに!?」

　そんな会話をした後、僕は一棟不動産への夢が膨らみ、何だかいても立ってもいられない気持ちになって、ワンルームマンション投資でお世話になっている業者の担当者に連絡しました。そして一棟不動産に興味がある旨を伝え、物件を探してもらうことになったのです。

　すぐに杉崎くんに伝えると、「いいですね！　僕も現地調査に同行させてください」と、力強く協力を約束してくれました。

一棟不動産の魅力とは？

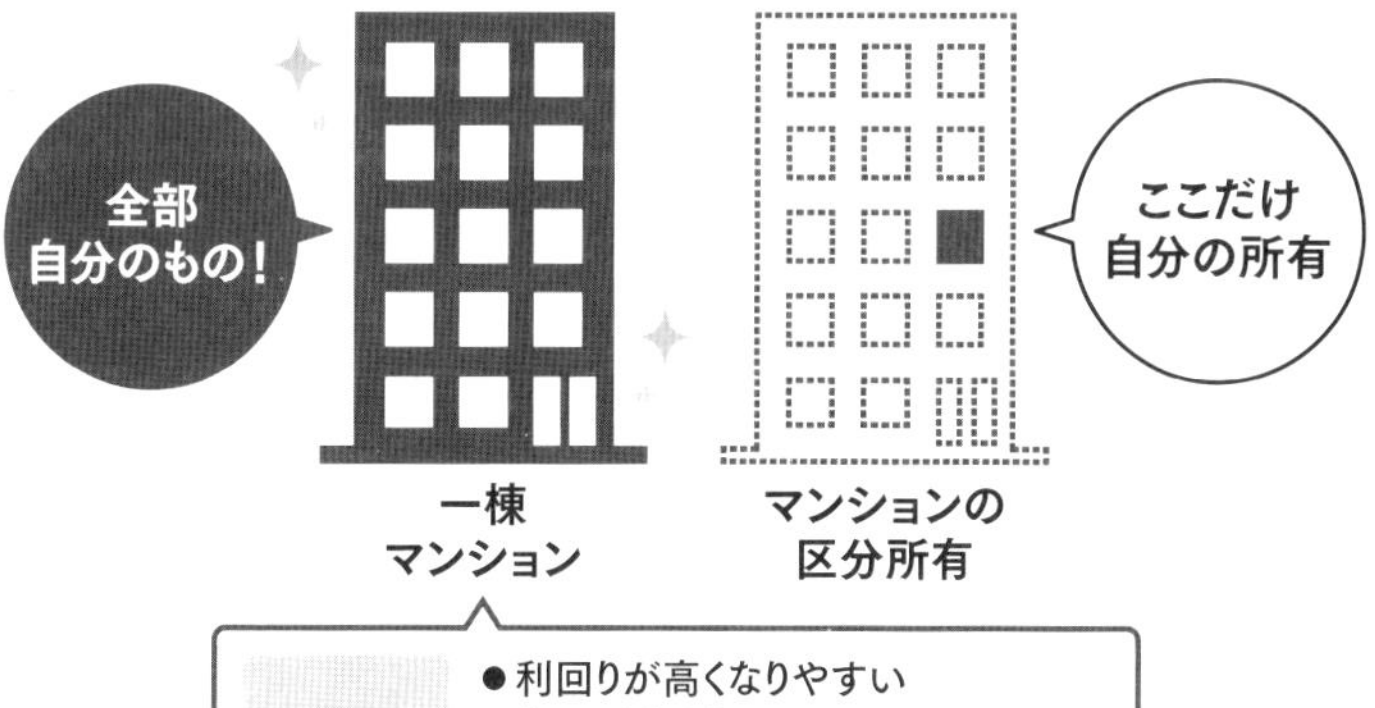

区分所有に比べて…

- 利回りが高くなりやすい
- 収入が多くなる
- 修繕や改装などを自分で決められる
- 空室リスクが分散される

2009-2011年

良き新パートナーとの第一歩
――フルローンで一棟不動産を購入

都内でワンルームマンション投資をするときに、僕が借り入れた金額は1件あたり2000万円前後。手持ちの1件を売却後、新たな物件を買い入れたこともあり、僕はその時点で5件のマンションを区分所有していました。すべて家賃収入の範囲内で順調にローン返済していましたが、借入金額はすでに1億円近くに上っていたわけです。

それなのに、フルローンで一棟不動産なんて本当に可能なのだろうか――と半信半疑でしたが、なじみの不動産業者は「ここまでの不動産運営はすべて収支がプラスですから、金融機関の評価に響くことはないので、問題なく借りられると思いますよ」と言い、すぐにいくつかの物件を紹介してくれました。

僕は杉崎くんにも声をかけ、そのすべてを見て回りました。どれも条件面では優良な物件が揃っており、杉崎くんにも「いい業者さんとお付き合いされてますね」と言われたのですが、たとえ条件が良くても「隣の家の庭が荒れてて、ちょっとイヤだな」「なんとなく、

陰気な雰囲気の建物だ……」など、実際に見ないとわからないようなマイナスポイントが見つかることもありました。
最終的に投資を決めたのが、東京都大田区にある築10年の一棟マンションです。全8部屋のこぢんまりした物件ながら、駅から徒歩10分圏内。スーパーやコンビニ、大きな公園が近くにあるほか、単身者を想定した住戸なので、大学のキャンパスが近くにある点も魅力でした。
結局、フルローンだと1億円ほどの借入になりましたが、杉崎くんと不動産業者の予想どおり、ローン審査はあっさりとパスしました。このようにして、僕は拍子抜けするほどスムーズに、初の一棟不動産オーナーになったのです。

「明日やろうはバカ野郎」——自分には行動力がある！

一棟不動産のオーナーになって感じたのは〝とにかく儲かるようになった〟ということです。丸ごと一棟持っているほうが、区分所有よりも利回り（投資額に対するリターンの割合）は高くなります。ワンルームマンションは家賃収入の大半がローン返済に回っていましたが、一棟不動産のほうではローンを返しても家賃収入が結構残ったので、僕が毎月手にするお金はそれまでよりも格段に増えました。

前にも書いたように、僕にはほとんど物欲がないので、金回りが良くなったといっても生活に変化はありません。不動産好きの杉崎くんには「引っ越しも考えてみては？」と勧められましたが、僕は就職したときから借りている古い１ＤＫの部屋で十分でした。

周囲（おもに職場の同僚）には多くを語っていなかったものの、僕が〝金持ち〟だという噂は広がっていました。借金の申し込みは断るようになったので、さすがに頼まれることはなくなりましたが、代わりに「投資を教えてくれ」と言われることは増えていました。

僕はもともと、ホテルの仕事で明るい未来予想図が描けずに投資を始めたので、同僚の投資を応援したい気持ちは大いにありました。そこで、何人かに実体験に基づいたアドバイスをしたのですが、全員が全員、何かと理由をつけて結局やろうとしないのです。なぜやらないか問うと、「やっぱり怖い」「忙しいから、もうちょっと時間ができたら」などの答えが返ってきました。

その経験から「ああ、多くの人の投資に対する感覚って、こんな感じなのか」と気づかされ、むしろ自分に行動力がありすぎるのだと自覚しました。

投資には慎重さも大事な半面、ある程度の行動力が必要なのも事実です。僕は、ちょっと厳しい言い方ですが「明日やろうは

バカ野郎だよ」と言うようになりました。先延ばしにしていたら、その分機会損失になり、もったいないからです。そこまで言われてもやらない人は、恐らく投資に向いていないのでしょう。

２０１１年に東日本大震災が起こり、「明日何が起こるかわからない。だから後悔のないように生きたい」という気持ちは一層強くなりました。世間に先行き不透明感が立ち込めるなか、僕は２棟目の一棟不動産を購入。当時、不動産価格は株価ほど落ち込んでいませんでしたが、それでもお得と言える値段で買えました。

その時点で、不動産を除く僕の資産は５０００万円を突破。〝億り人〟への道は半ばに差し掛かっていました。

PART 6

2012-2014年

資産1億円突破！

いつでも辞められると思うと仕事がうまく回り出す

PART 6
2012-2014年

アベノミクスに乗っていく
――投資の含み益が膨張

2011年3月の東日本大震災以降、観光客が激減したホテルは閑古鳥が鳴いていて、2012年に入ってからやや回復したものの、まだまだ閉塞したムードはありました。

対照的に、僕の周りにはおめでたい話題が飛び交っていました。僕には、妹と弟がいるのですが、妹のほうが結婚をすることに。両親は大喜びで、ついでに「お前はいつ結婚するのか」と突っ込まれましたが、僕は「忙しくて……まだ先かな?」とごまかしました。

学生時代の友人や同僚からも、どんどん結婚の報告が届いていました。僕は33歳になっており、数年前から結婚ラッシュの真っ只中にありました。

それで「よし、自分も」とならなかったのは、まだ一人でやりたいことがたくさんあったからです。結婚したら、さすがに自分のお金をすべて自分の好きなようには使えなくなるでしょう。一棟不動産への投資などについて理解が得られず、いわゆる〝嫁ブロック〟が発動しそうな気もしました。僕はその頃、暗号資産にも興味を持ち始めていましたが、「も

し妻がいたら、危ないものに手を出すのはやめろって言われるんだろうな」などと勝手に想像しては、ゲンナリしていました。もともとなかった結婚願望は、このあたりで完全にゼロになった気がします。

２０１２年の年末には、総選挙で民主党が大敗して政権が交代し、第２次安倍晋三内閣が発足しました。そこから株式市場には、アベノミクス相場という大波が押し寄せます。大胆な金融政策に対する期待感に後押しされ、株価は大きく上がり始めました。

リーマン・ショック後の大底と言える時期に、メンターの渡辺さんの教えどおり買い込んであった僕の保有株は急上昇。２０１３年には、保有株の評価額は年収の数倍にも膨れ上がりました。

暗号資産取引スタート
——ビットコインで大成功！

長期にわたる投資家の鬱屈をバネにしたかのように、アベノミクス相場で株価はグングン上昇。この波に乗って株を積極的に売買し、〝億り人〟になった個人投資家は大勢いました。マネー雑誌などを見ると、デイトレードや信用取引を繰り返し、短期間で億を稼いだスゴ腕の投資家がゾロゾロ登場していました。僕は本業が忙しく、そこまで株の研究に時間を割くことができなかったので、日中も市場をウォッチできる専業投資家が羨ましいと思ったものです。

不動産や株の利益が順調に増えていたので、ホテルの仕事を辞めるという選択肢がちらつくこともありました。いつも行動力のある僕がそこで踏み切れなかったのは、「まだこの先何があるかわからないのだから、とりあえず定期収入は確保しておいたほうがいいのではないか」という思いがあったのが主な理由。加えて、いつまでも結婚せず、ホテルの仕事まで辞めたとなると、親に説明するのが面倒だ——と思ったことも大きいです。

メンター渡辺さんの紹介で知り合った杉崎くんは日々忙しそうにしていましたが、僕らはヒマを見つけてはちょくちょく会っていました。

杉崎くんは不動産だけでなく、投資全般について豊富な知識を持っていました。聞くところによると、小学生のときから新聞の株価情報欄を見るのが好きだったそうで、30歳前後にして投資歴は15年以上。はっきりと聞いたことはありませんでしたが、僕より稼いでいることは明らかでした。

株高の局面ではありましたが、そのとき僕らの間でよく話題に上っていたのが暗号資産です。日本でビットコインが注目され始めたのが２０１１年頃でしたが、杉崎くんは実験感覚でビットコインを黎明期から

少しずつ買っており、バブル的な暴騰で20倍になったとか、短期間で半減したとかといったスリリングな話を山ほど聞いていました。

それがあまりにも面白そうなので、だんだん僕も買いたいと思うようになり、まずは杉崎くんのアドバイスに従って、ビットコインを200万円分、数回に分けて買いました。また、暗号資産リップルも、お試し感覚で10万円分だけ買いました。暗号資産は、株などとは比較にならないほどハイリスクだと重々承知していたので、最悪全部なくなっても痛くない程度の金額にとどめたつもりです。

200万円が全部なくなっても痛くないのか？　と思われるかもしれませんが、この時点の僕の資産は、すでに〝億り人まであと一歩〟というところまできていました。特に、アベノミクス相場の恩恵を受けた株の利益が、資産の膨張に大きく貢献していました。生活の質を上げず、不動産の家賃収入をすべて投資に回していたのが良かったのでしょう。そのため、チャレンジの投資に200万円くらい出すことも難しくありませんでした。

さて、そのビットコインはどうなったか。実力でも何でもなく、完全に運が良かっただけなのですが、短期間でなんと！　約10倍に増えました。わずかな期間で1800万円もの儲け。僕史上、もっとも効率的に大金を稼いだことになり、これを上回る経験はその後もできていません。杉崎くんも同じように資産を爆増させており、二人で「税金だけが怖

暗号資産の利益はほかの所得と合算

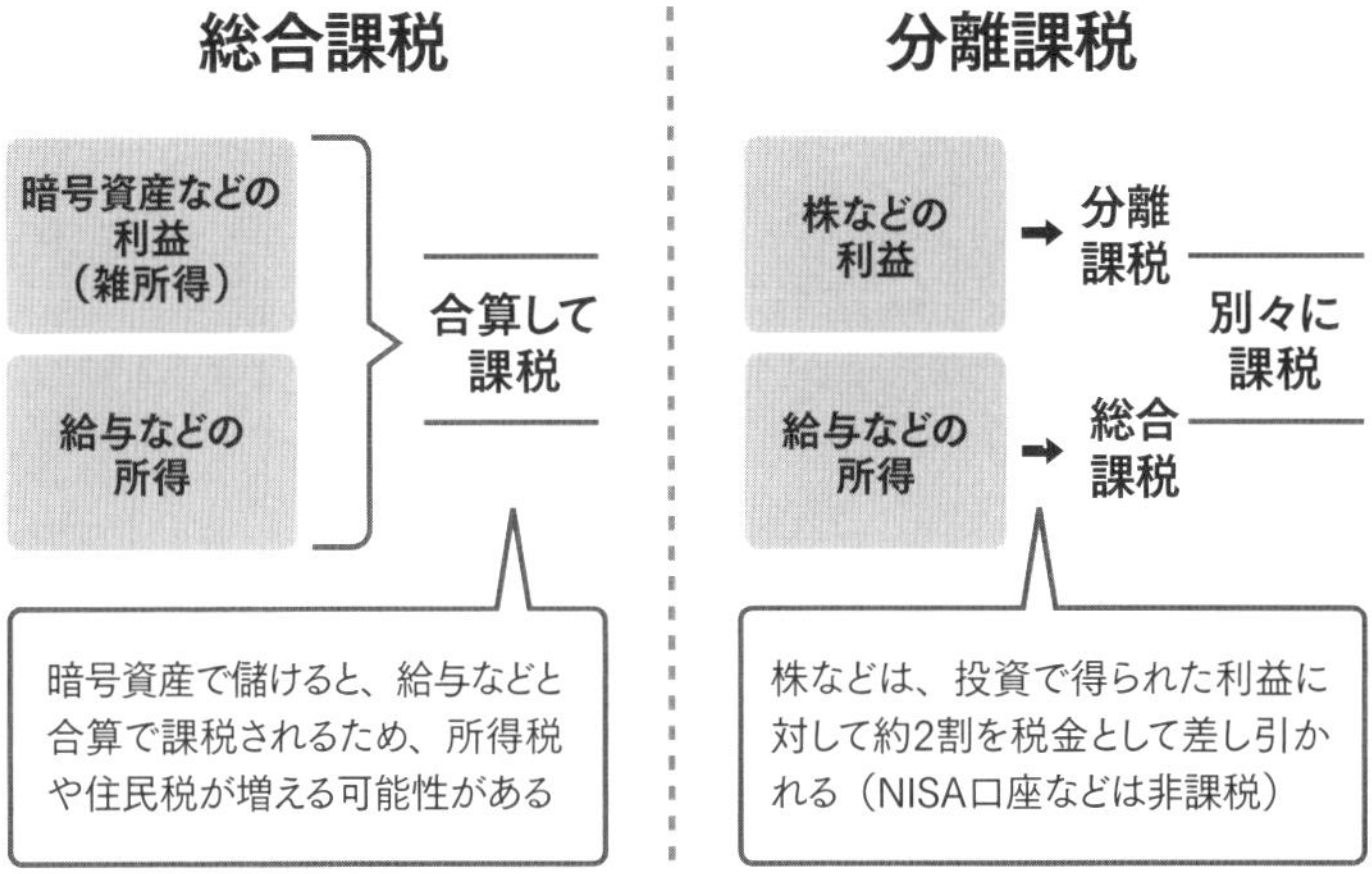
総合課税
暗号資産などの利益（雑所得）
給与などの所得
合算して課税
暗号資産で儲けると、給与などと合算で課税されるため、所得税や住民税が増える可能性がある
分離課税
株などの利益
分離課税
給与などの所得
総合課税
別々に課税
株などは、投資で得られた利益に対して約2割を税金として差し引かれる（NISA口座などは非課税）

いな」と言いながら、ちょっといいお酒で祝杯を挙げました（※暗号資産は「総合課税」で課税される影響で、所得税率が上がることがあります）。

一方、リップルのほうはどうなったかというと、こちらも一時は10万円が4500万円まで暴騰！　ところが、リップルの口座にログインするパスワードを紛失してしまい、必死で探したものの見つかりません。世の中、こうしたミスをしでかす人は多いようで、なかにはハッカーを雇ってどうにか割り出した、なんて話もあるようですが、僕は結局現金化できないまま、ほったらかしで今に至っています。

みなさんは、口座のパスワードは絶対に忘れないように注意してください（苦笑）。

本業で昇進 ——投資好調で人生も好調に

一棟マンションを買って、それが順調に収益を生み出していたことから、僕は2011年にまた別の一棟マンションを購入。株で得た利益の一部を頭金として入れましたが、大部分はこれまでどおりローンで。さらに、ワンルームマンションも追加で3部屋購入。以前買って値上がりしていた物件は売却したので、2014年末時点で一棟マンションを2棟、ワンルームマンションの区分所有を5部屋というポートフォリオになりました。物件は、メンターの渡辺さんにアドバイスをもらい、なおかつ杉崎くんと見学したうえで選んだので、まったく不安はナシ。そこまでの僕は、不動産に関しては負け知らずでした。

そのほか、国内外の株と投資信託だけで資産は1億円に近く、メインの投資が順調だったため、前述の暗号資産のほか、太陽光発電投資などにもチャレンジするように。何でもかんでもうまくいくと思い込むほどおめでたくはありませんでしたが、気になるものには挑戦したいと考えていましたし、挑戦できる資金力を得たことは純粋に喜びでした。

同時期、仕事では昇進して給料が少し上がりました。投資で資産が増えるたびにやる気が減退し、「いつ辞めてもいいんだ」と常に思っている状況だったというのに、皮肉なものです。とはいえ、コツコツやってきたことが認められた嬉しさはあり、「出世して喜ぶなんて、僕も普通の人間だな」なんて思ったりもしました。

同僚の中には上司に媚びて出世しようと試みながら、うまくいかず苦しんでいる人もいました。やる気のない僕がうまくいって、やる気のある（しかし、頑張る方向を間違えている？）同僚はうまくいかない。本業で成功する法則はわからないままでしたが、とりあえず僕は「もう少しここで頑張るか」と思ったのです。

ついに「億り人」の仲間入り！自分に自信がついてきた！

30代半ばの時点で、僕はさまざまな投資にチャレンジしていました
一棟マンション
ワンルームマンションの区分所有
日本株
米国株
投資信託
金
暗号資産
太陽光発電
このうち、不動産はフルローンで買ってますが、建物の管理・メンテナンスや入居者の募集、集金、クレーム対応といった業務は全部専門の会社にお任せで専門知識はいりません
それでいて、毎月家賃収入を確保できます

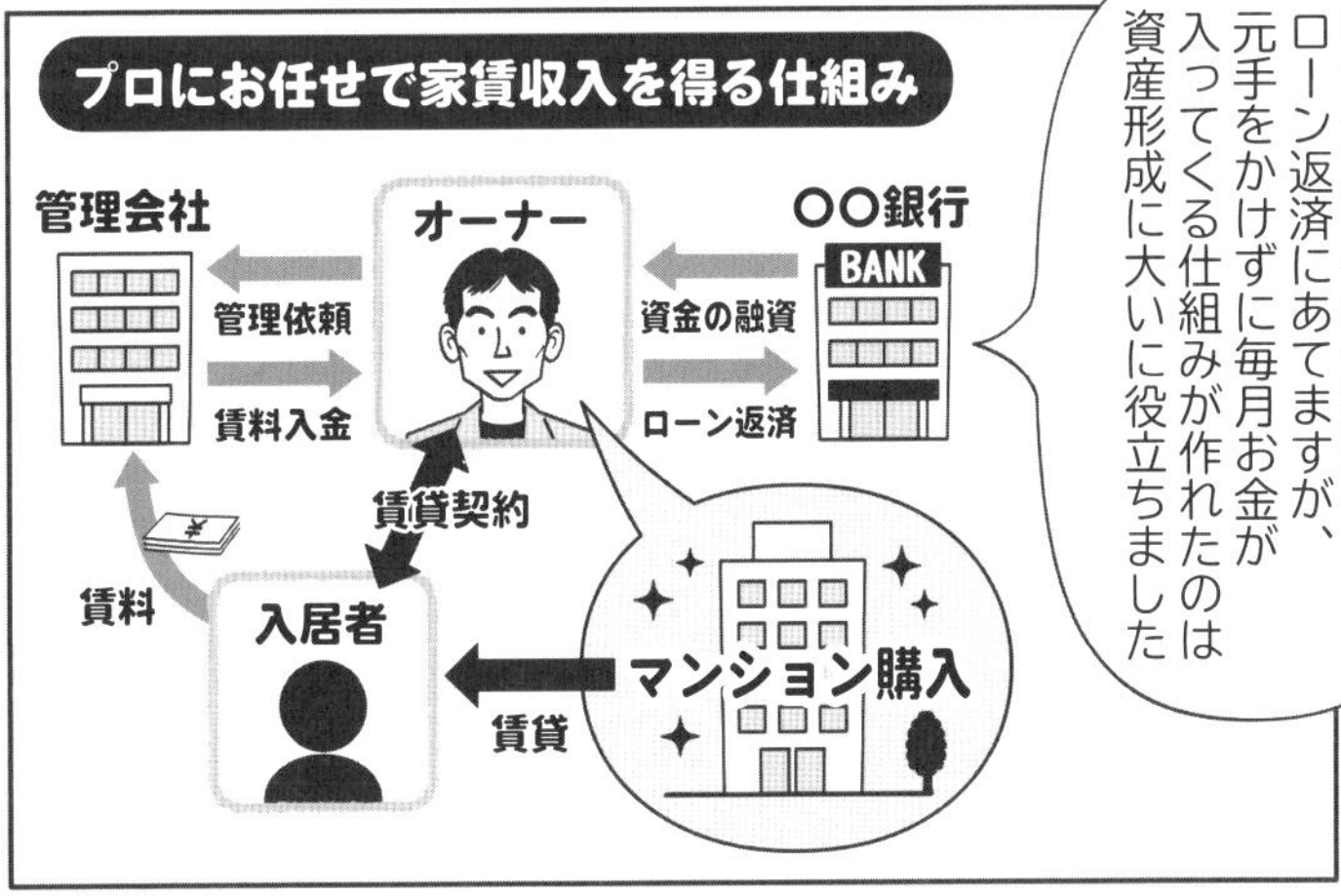
もちろん、ローン返済にあてますが、元手をかけずに毎月お金が入ってくる仕組みが作れたのは資産形成に大いに役立ちました
プロにお任せで家賃収入を得る仕組み
管理会社
オーナー
○○銀行
BANK
管理依頼
賃料入金
資金の融資
ローン返済
賃貸契約
賃料
入居者
マンション購入
賃貸

不動産市場には、業界の人しか見られない物件情報もあるので、一個人が立地もコスパも最高な物件を探し当てるのは至難のワザ
不動産投資で最も重要なのは良きパートナーを見つけることです
その一方で――
投資メンターにレクチャーを受けつつ僕が最も熱中したのが株式投資です
日経平均株価
現在値
ひと口に株といっても高い配当金がもらえる株もあれば
株主優待が充実している株もあります
配当
企業が株主に分配する利益
これが高い株を「高配当株」と呼ぶ
株主優待
企業が株主に贈るお礼の品
金券から食品まで内容は多彩！

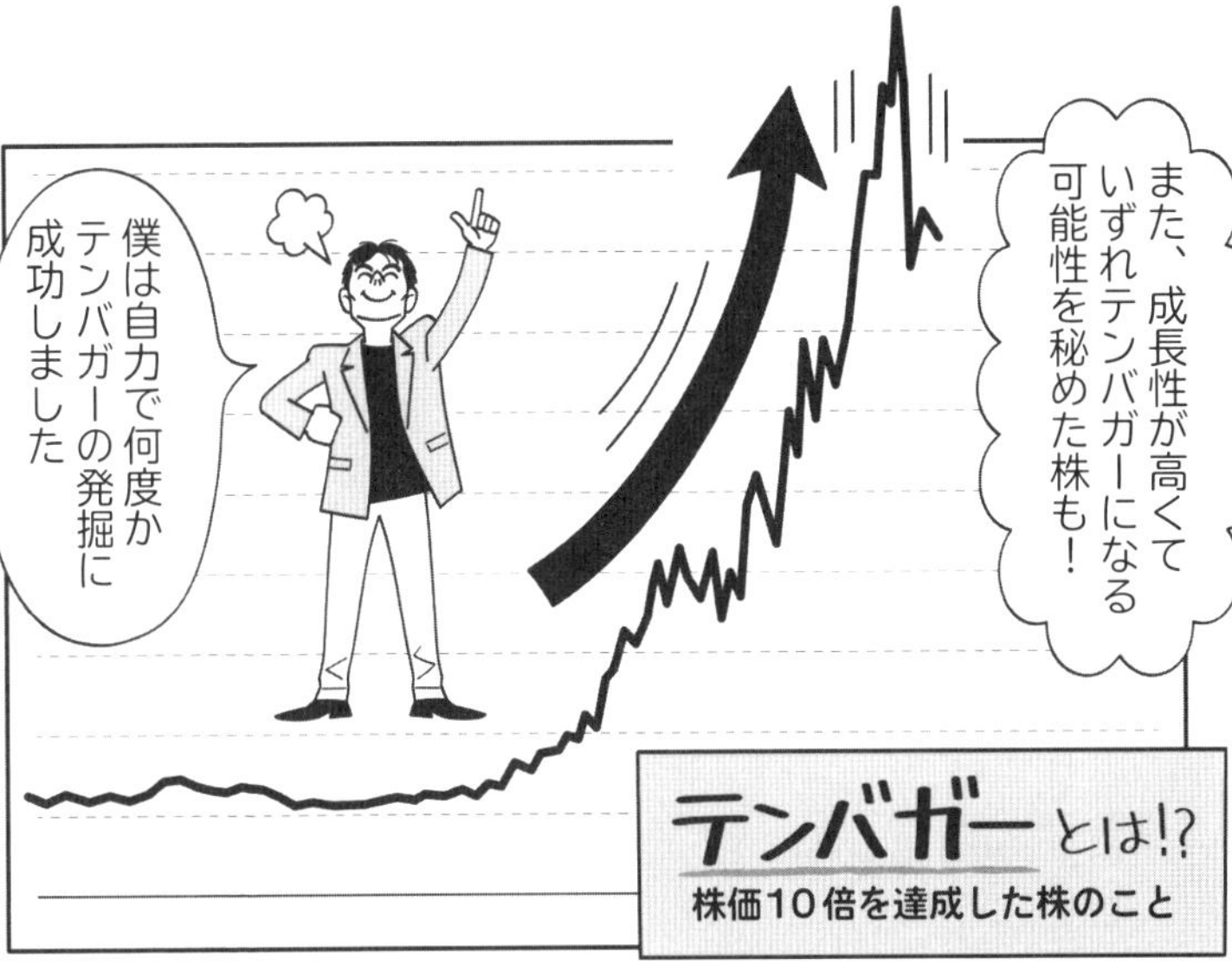
また、成長性が高くていずれテンバガーになる可能性を秘めた株も！
僕は自力で何度かテンバガーの発掘に成功しました
テンバガーとは!?
株価10倍を達成した株のこと

ほかにも、高配当株や米国の株を買うなどして資産を増やしていきました
もちろん、それには投資メンターのアドバイスを受けたり投資仲間の杉崎くんとの情報交換があってのことですが
株での成功は僕に自信をもたらしてくれました

自分でさまざまな
研究をするうちに
僕は自分の学んだこと、
成功をつかんだ経験則を
多くの人に伝えたいと
考えるようになりました
そこで
書き上げたのが
僕の1冊目の本
『教えてまっつん先生!!
素人でもわかるお金の授業』
（ダイヤモンド社）
教えて
まっつん先生!!
素人でもわかる
お金の授業
兼業投資家 まっつん
億を稼いだ投資家ホテルマン!!
サラリーマン兼業投資家が、
自身の知識や
マインドをシェア!
LINEで
まっつんに
直接質問
できる!
ダイヤモンド社
この本では、僕が投資してきた
日本株や米国株、投資信託、
不動産、FX(外国為替証拠金取引)、
暗号資産、金（ゴールド）など
金融商品の仕組みや特徴と
投資をする際に
知っておきたいことなど
について、わかりやすく
解説しています
投資の世界では
難しい言葉で混乱
したり不安になったり
することもありますが
必要な情報だけを
コンパクトにまとめたので
悩んだときの投資の教科書
として役立つはずです

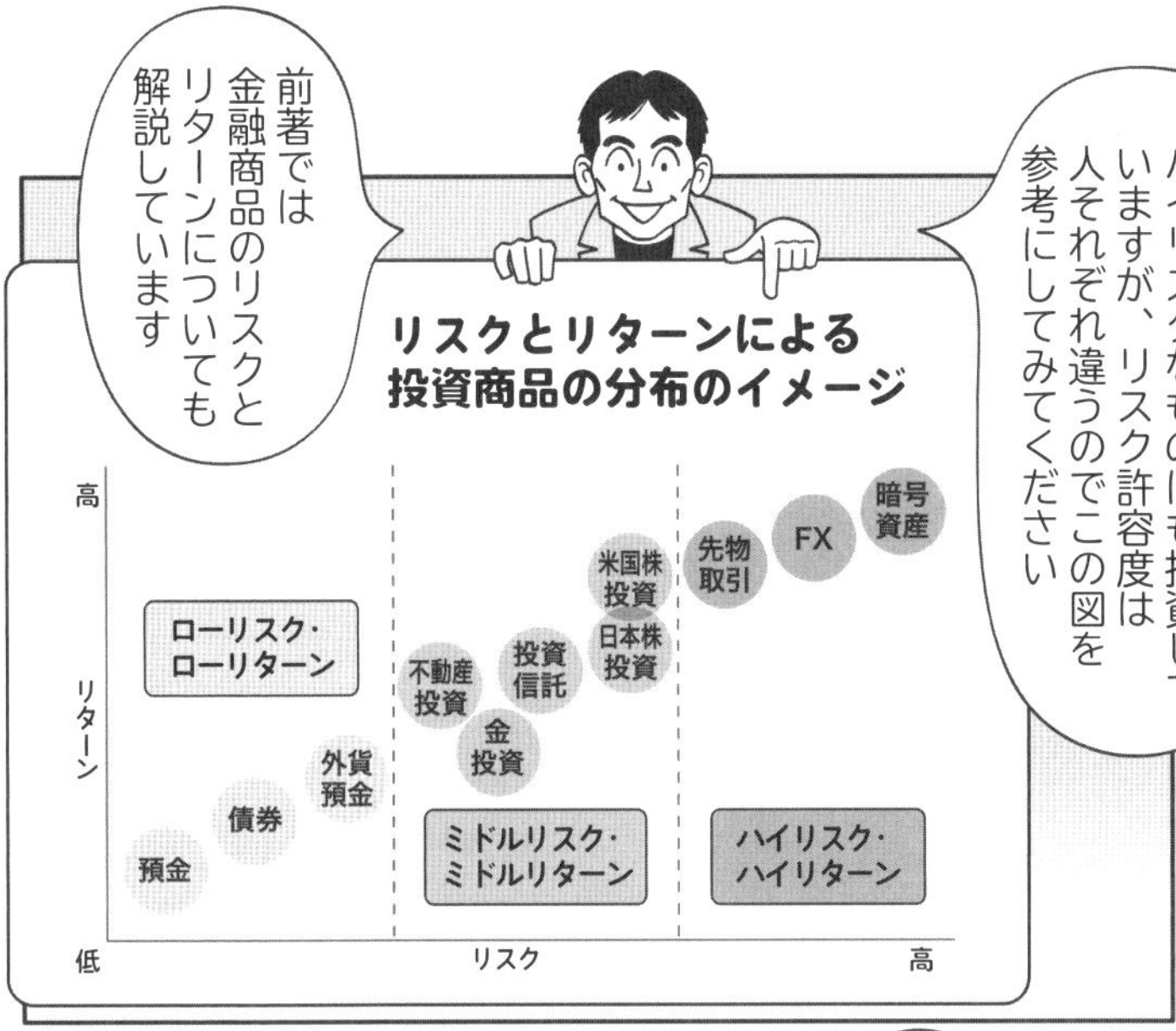
僕はFXや暗号資産などハイリスクなものにも投資していますが、リスク許容度は人それぞれ違うのでこの図を参考にしてみてください
前著では金融商品のリスクとリターンについても解説しています
リスクとリターンによる投資商品の分布のイメージ
高
リターン
低
リスク
高
ローリスク・ローリターン
ミドルリスク・ミドルリターン
ハイリスク・ハイリターン
預金
債券
外貨預金
不動産投資
金投資
投資信託
日本株投資
米国株投資
先物取引
FX
暗号資産

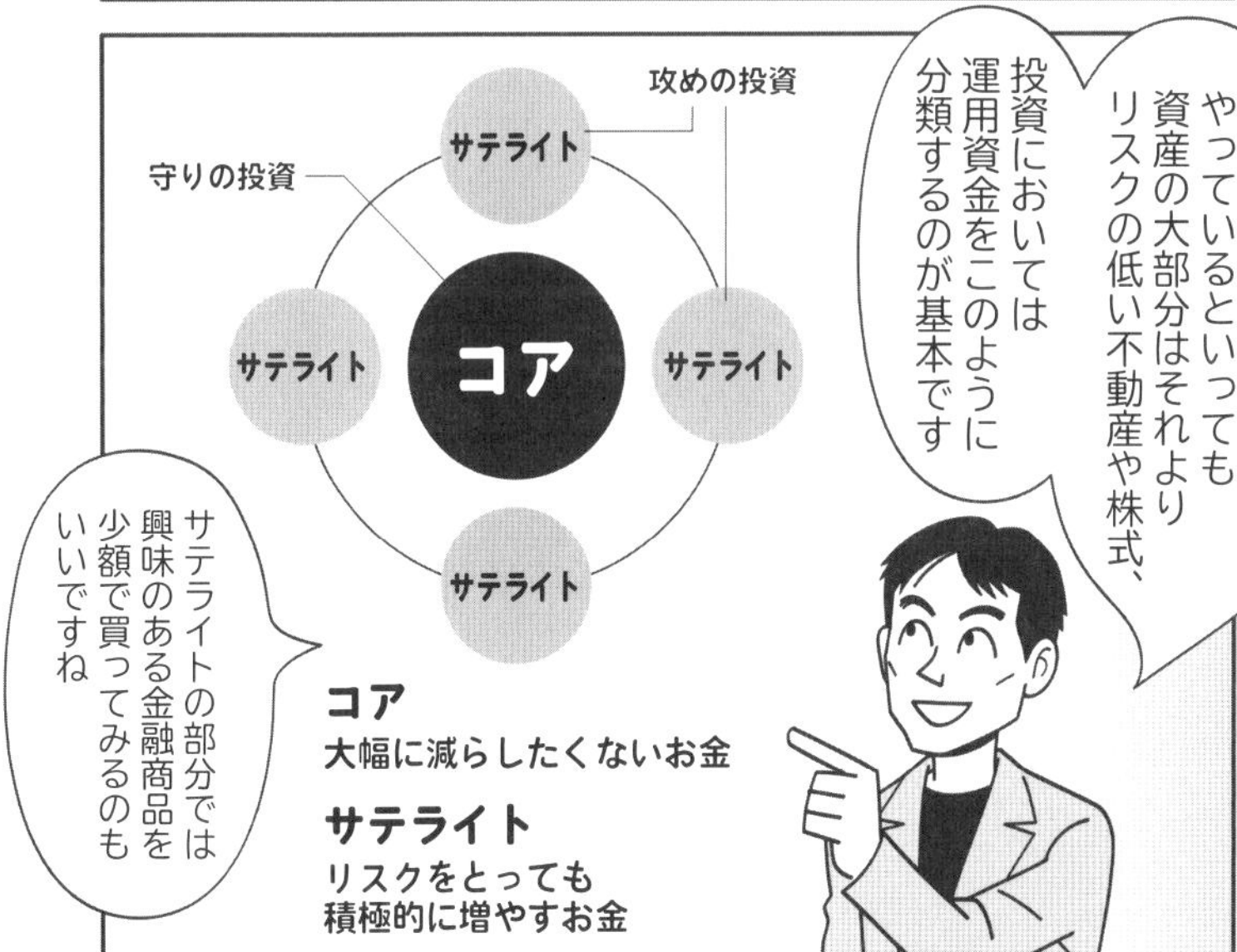
FXや暗号資産をやっているといっても資産の大部分はそれよりリスクの低い不動産や株式、
投資においては運用資金をこのように分類するのが基本です
攻めの投資
守りの投資
サテライト
サテライト
コア
サテライト
サテライト
サテライトの部分では興味のある金融商品を少額で買ってみるのもいいですね
コア
大幅に減らしたくないお金
サテライト
リスクをとっても積極的に増やすお金

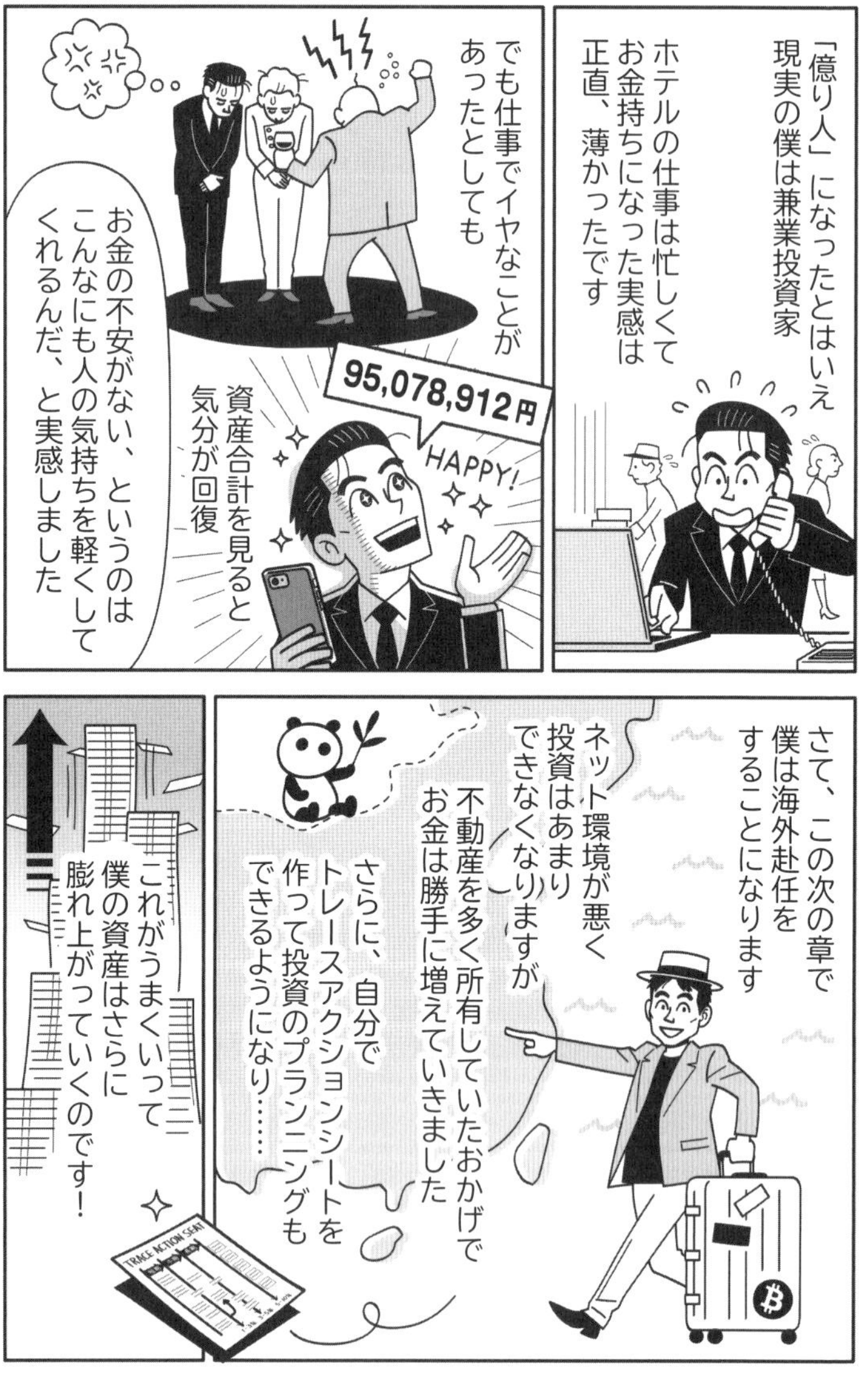
「億り人」になったとはいえ
現実の僕は兼業投資家
ホテルの仕事は忙しくて
お金持ちになった実感は
正直、薄かったです
でも仕事でイヤなことが
あったとしても
95,078,912円
HAPPY!
資産合計を見ると
気分が回復
お金の不安がない、というのは
こんなにも人の気持ちを軽くして
くれるんだ、と実感しました
さて、この次の章で
僕は海外赴任を
することになります
ネット環境が悪く
投資はあまり
できなくなりますが
不動産を多く所有していたおかげで
お金は勝手に増えていきました
さらに、自分で
トレースアクションシートを
作って投資のプランニングも
できるようになり……
これがうまくいって
僕の資産はさらに
膨れ上がっていくのです！
TRACE ACTION SEAT

PART 7

2015-2017年

海外赴任時代

中国生活で実感したこと

PART 7
2015-2017年

本業で中国赴任へ
——海外から見た日本とは

２０１５年は、僕にとって大きな変化の年でした。年初、勤務先のホテルから海外赴任を言い渡されて、中国に行くことになったのです。期間は3年間。仕事があまり面白くない、同じことの繰り返しだと感じていたので、二つ返事で引き受けたのですが、行ってすぐに数々のカルチャーショックに見舞われることになりました。

この時期の中国は経済成長に勢いがあり、現地で生活をしていると、その勢いを肌で感じることができました。人々の生活レベルがグングン向上し、消費も旺盛に伸びていて、ホテルにも観光客が押し寄せていました。

一方で、僕が驚かされたのは、日本人とは大きく異なる中国人スタッフの接客態度。日本の高級ホテルでは、従業員一同にホスピタリティの精神が徹底されていますが、中国人スタッフにはそれがなく、勤務中に居眠りをしていたり、スマホをいじっていたりといったこともザラ。日系ホテルのスタッフであるからには、日本流のホスピタリティの精神を

身に付けてもらわなければなりません。その指導は、僕のような日本人スタッフの役割で、理解してもらうのに大変苦労しました。

　娯楽が少なく、おまけに食事も意外と口に合わず、規制が多くてインターネット環境も悪かったため、あまりアクティブな投資もできない――僕は早々に「日本に帰りたい」と思うようになってしまいました。

　それでも、成長国の勢いを直に感じられたこと、そして経済的に低迷している日本が、彼らからかなり下に見られていることを実感できたのは、いい経験でした。ずっと日本にいると気づきにくいですが、日本はもう世界を牽引する経済大国ではなくなっているのだということに、僕は10年前の中国で気づかされたのです。

2015-2017年

トレースアクションシートを自作

――資産は1億5000万円へ

中国では独自の検閲システムによってネット環境が規制され、通常のネット環境だと、日本では当たり前に見られる検索サイトや各種SNSなどの閲覧ができません。そのため、中国行きが決まって真っ先に悩んだのが投資のことでした。僕はワンルームマンションを5部屋、一棟マンションを2棟、太陽光発電、国内外の個別株、さらに金や暗号資産、投資信託などを保有しており、それらの値動きは主にネットでチェックしていました。

普段は最低限しか現預金を持たないことにしていましたが、中国では何が起こるかわからないので、株をいくつか売って現金にしました。不動産については普段から業者に管理を任せているので、そのままに。暗号資産は、何か大きな値動きがあったときに早急に対応できないリスクがあるので、大部分を現金化。そのほかの資産は、原則長期保有しておく予定だったので、そのまま置いておくことにしました。

出発前、僕は杉崎くんを呼び出し、作戦会議をすることにしました。

「不動産はそのままにしていくしかないんだけど、値上がりしたときに売り時を逃しそうで怖いよ」

「相場が動いたときは僕からも連絡するんで。基本、あまり新たな投資はしない予定ですか？」

「う〜ん、難しそうだけどやってみたいよね。中国株でも研究してみるか……」

「最近話題のロボアドなんて、ちょうど良さそうじゃないですか？　まっつんさん好きそう」

「え、何それ？　面白そう！　杉崎くん、僕のツボ、よくわかってるよね（笑）」

ロボアドバイザーによる投資、略してロボアド投資とは、AIがその人に合ったポートフォリオを組んで運用方針を決め、場合によっては自動で売買も行ってくれるサービスのこと。ファンドラップは人がカウンセリングや運用を担いますが、ロボアド投資ではAIにおまかせです。

人間には感情があるので、相場の急変で怖くなったり、焦ったりして合理的な投資判断を下せなくなることがありますが、AIに任せれば常に合理的な運用ができます。調べてみると、手数料はそれほど高くもなく、すでに実績も出していることがわかったため、赴任中の2016年に早速取り入れることを決めました。

改めて資産状況を見直すのと同時に、僕は自分で今後に向けたトレースアクションシートを作成してみることにしました。以前は、メンターの渡辺さんが、資産の推移に合わせて僕に合ったトレースアクションシートを作ってくれていましたが、今の僕ならもう、自分がすべき運用の計画を自分で立てられると思ったからです。

トレースアクションシートのフォーマットは、渡辺さんにもらったものを踏襲しました。上に行くほど優先順位が高くなり、利益を得るまでの時間軸は短期・中期・長期に分類。以前作ってもらったものと同じです。この時点で僕の資産は1億2000万~1億3000万円に近づいており、今後さらに上を目指していくためのプランを立てました。

2015-2017

まっつんが自分のために作成した トレースアクションシート

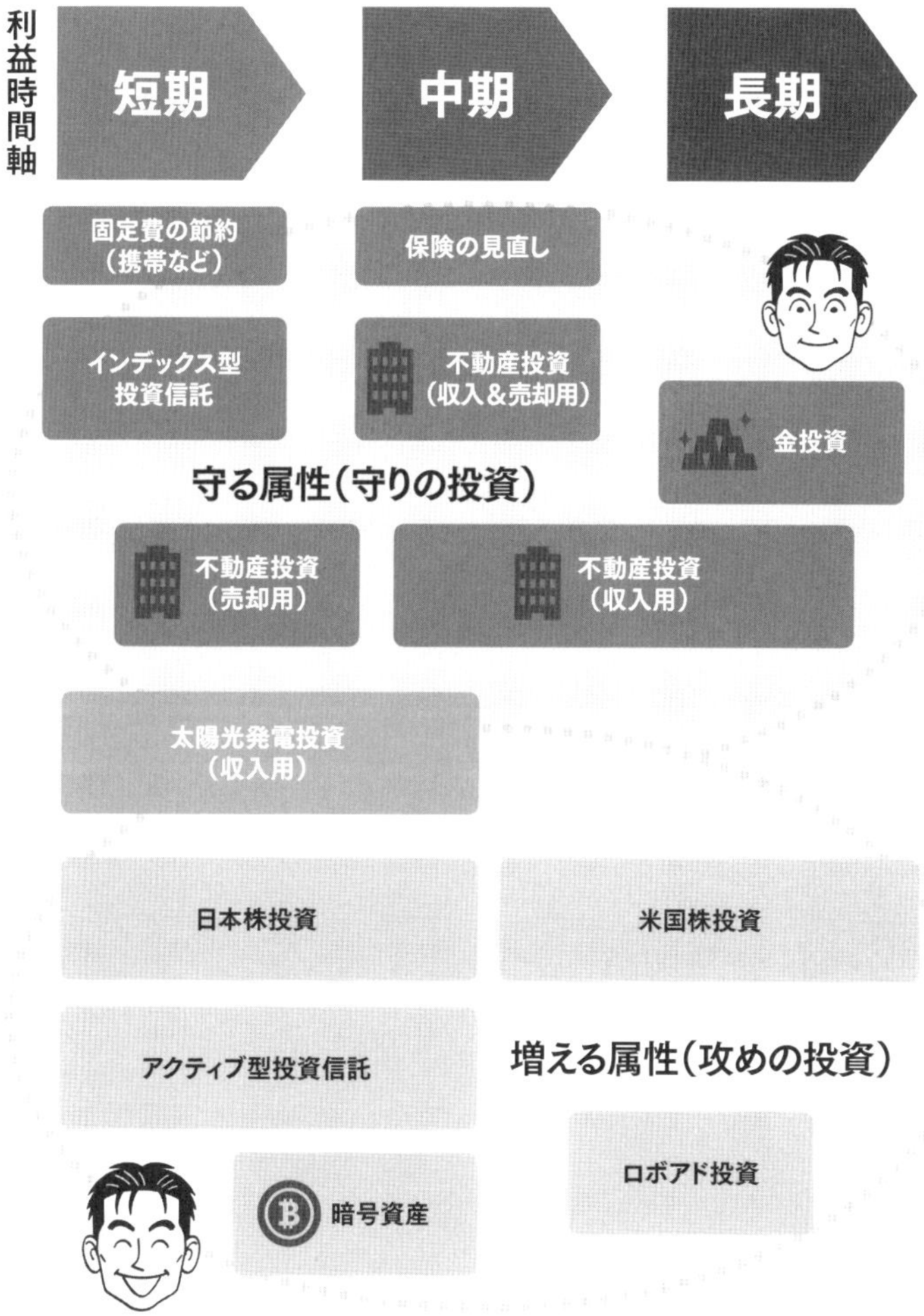

もっとも優先順位が高いのは、変わることなく節約です。ムダなことにはお金を使わない。前にも書きましたが、渡辺さんをはじめとする多くのお金持ちと接してきて、真のお金持ちは合理的にお金を使っているな、と僕はしみじみ感じていました。決してお金を使わないわけではなく、むしろ使うところでは気持ちがいいくらいパッと払う。一方で、何物も生み出さないようなこと（ムダな飲み会など）には、絶対お金を使わない。

杉崎くんにしても、仕事帰りに会うと、いつも趣味のいいスーツ姿で清潔感あふれる出で立ち。クライアントと接することが多い仕事で、身なりを整えることにお金をかけているのがわかります。一方で、私服となると全身（たぶん）ユニクロ。スティーブ・ジョブズのようにいつも同じ服を着ていて、「服にお金も時間もかけたくない」と考えているのが透けて見えるようでした。

僕自身はファッションに興味ゼロというわけではないので、自分の気分を上げるためにも欲しいものは買います。昔と比べると、高いお酒も飲むようになりました。それが投資のモチベーションにもつながると考えているので、ムダ遣いとは思いません。それでも、スマホの料金プランをちょくちょく見直したり、旅行に行くのに飛行機のチケットをなるべく安い値段で調達できるように調べたりと、ムダを避ける努力は常に実践しています。ポイントやクーポンも大好きです。

僕が億り人であることを知っている人からは「まっつんって、お金持ちっぽくないよね」と言われますが、億り人は到底お金持ちに見えない雰囲気の人が実は多いです。

トレースアクションシートに話を戻しましょう。渡辺さんのトレースアクションシートを一部僕なりにアレンジしたのは「攻めの投資」と「守りの投資」という分類を入れ込んだところです。

動かす金額は大きいものの、一度投資したら保有し続けるだけで定期収入を生んでくれる不動産は守りの投資です。金（ゴールド）は価値がゼロになることがないので、やはり守りの投資。値動きがゆるやかなインデックス型の投資信託なども、守りに分類できるでしょう。

2015-2017

一方で、個別株や暗号資産などは、機動的な売買が必要になるハイリスク・ハイリターンな攻めの投資です。ロボアド投資も株メインのポートフォリオで積極運用をしているので、攻めの投資になります。中国赴任中に作ったものなので、守りの投資の優先順位を上げ、攻めの投資はペースを落とす配分にしました。

この方針で僕は中国に赴任中、自分ではあまりこまめな売買をすることなく過ごしました。時折ロボアドの成績や金などの積立資産をチェックしましたが、それらは順調に増え、不動産の家賃収入も途切れなく入ってきました。その結果、２０１７年末の時点で僕の資産は１億５０００万円を超えました。

PART 8

2018-2019年

米国株投資スタート

株で資産をさらに増やす

PART 8
2018-2019年

海外赴任を経て日本へ
——米国株投資を本格始動

2017年末に海外赴任を終え、ようやく日本に帰りました。中国にいるときは早く日本に帰りたかったのですが、帰ってみると日本での日常は中国時代より慌ただしく、「あっちでの暮らしは気楽だったな〜」と感じました。食べ物がおいしく、ネット環境も充実している日本はたしかに住みやすいのですが、僕は「将来的に海外に移住するのもアリかな。二拠点生活もいいかも」などと思うようになっていました。

日本に帰ってくれば、やっぱり懐かしい顔に会いたくなります。メンターの渡辺さんや投資仲間の杉崎くんとは、中国にいたときにもしょっちゅうメールのやりとりをしていました。日本で杉崎くんと久々にリアルで会えたときには嬉しくなりました。

杉崎くんは相変わらずメーカーの営業マンとして忙しくしており、真面目な仕事ぶりが評価されて、僕が中国に行っている間に昇進したそうです。不動産マニア、投資マニアぶりは健在で、最近はもっぱら米国株を研究しているとのことでした。

「米国株、かなり勢いがありますよ。これからもっともっと上がるはずです」

「僕も米国株のインデックス型投資信託なんかは買ってるけど、個別株はわかんないな～」

「米国企業の決算資料を読み込んで有望株を探すのは難しいですよね。結局、僕も有名な株を買ってます」

「最近話題のＧＡＦＡＭとか？　ｉＰｈｏｎｅはみんな使ってるし、アップルは良さそうだね」

「ＧＡＦＡＭやエヌビディアを買ってます。大企業ですがテンバガー（株価10倍）もあり得ますよ」

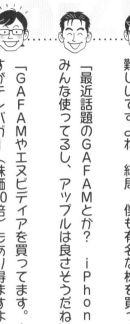

その時点で杉崎くんが買っていたのは、グーグルやアップル、半導体株のエヌビディアなど数銘柄でした。当時、米国の巨大テック企業のグーグル、アップル、フェイスブック（現メタ・プラットフォームズ）、アマゾン、マイクロソフトを指すGAFAMという呼称が徐々に浸透してきた頃で、これらが牽引役になって米国株全体が伸びていることは、僕でも知っていました。

よし、僕も米国株を買ってみよう！　すぐにそう思ったものの、ほとんど知識がないので何を買ったらいいのかさっぱりわかりません。それでも、早く買いたい気持ちが先行していたので、ひとまず杉崎くんをマネしてGAFAMやエヌビディアに投資してみることにしました。

米国株を運用しつつ、僕はメンターの渡辺さんにスカイプで連絡をとって、米国株について話を聞きたい、と切り出しました。ハワイに拠点を置く渡辺さんは、米国株もたくさん保有していました。

「今、米国の個別株を買うのはいいと思うよ。これからもっと上がるから」

と、渡辺さんは杉崎くんと同じことを言いました。僕が個別銘柄に詳しくないと相談すると、渡辺さんはいくつかの注目銘柄の名前と、それを推す理由を教えてくれました。それと同時に、渡辺さんは米国株市場の特徴についてもざっと説明してくれました。たとえば、値幅制限がなくてサーキットブレーカーだけが導入されていること。株主優待はなく、配当での株主還元を重視している企業が多いこと。毎年連続で増配を続けている企業もたくさんあって、なかには50年や60年という単位で連続増配を続ける企業がある、ということも知りました。

中国赴任を機に日本の国力低下を実感し、あまり日本に夢を持てなくなっていたこともあって、僕は日本株から米国株にもっと資金を振り分けることを考え始めました。

渡辺さんに言われた株を買うだけでなく、もうちょっと米国株について詳しく学んでみたい——そう思っていた矢先に、杉崎くんがこんなお誘いの連絡をくれました。

「実は僕、最近米国人の投資家さんに勉強

値幅制限とは？

投資家保護の目的で、急激な株価変動を防ぐため、一日の株価の変動幅を取引所が一定の範囲内に抑える仕組み。日本株にはあるが、米国株にはない。

株主優待とは？

株を買った投資家に対し、企業がお礼の品を贈呈する仕組み。内容は金券や特産品、自社商品などさまざま。日本株にはあるが、米国株にはない。

サーキットブレーカーとは？

相場が大きく変動しているとき、過熱感を抑えるため取引所が一時的に取引を中断すること。日本株、米国株のどちらの市場でも導入されている。

配当とは？

株を買った投資家に対し、企業が利益の一部を還元すること。配当を増やすことを増配、減らすことを減配という。配当利回りが高い高配当株は人気が高い。

させてもらっているんです。食事がてら一緒に話を聞きに行きませんか？」

投資仲間のメンターに会えるなんて面白い！　僕はもちろん行くと返事をしました。

杉崎くんのメンターは、僕らより一回りくらい年上と思われる中年男性で、名前をジムさん（仮名）といいました。ジムさんは、以前は米国の金融機関で働いていたそうですが、積極的に投資をしてFIREを果たし、今は主に米国株に投資するほか、国内外で不動産投資もしているそう。拠点は米国ですが、日本にも都心部のタワーマンションなどいくつかの物件を保有しており、杉崎くんとはたまたまバーで隣り合わせたのだそうです。

ちなみに、日本では都心の超高級ホテルが常宿で、そのときも家族を帯同して長期滞在中だと話していました。会合に指定されたのも、そのホテル内の超高級レストラン。会計はすべてジムさん持ちで、その腕に輝く数千万円はしそうな腕時計を眺めながら、「この人はミリオネアどころかビリオネア（資産10億ドル以上）かもしれない」と思いました。

ジムさんは、勉強したい気持ちがある人には、快く自らの投資法を教えることにしているとのこと。世界中を飛び回っているので、行く先々で乞われては投資の話をしているそうです。僕はホテルマンとして最低限の英語しか話せませんが、杉崎くんを交えて話をする中で、米国株投資の勘所をいくつかつかむことができました。

ジムさんは小難しい投資理論を語ったわけではありません。ただ、「将来性のある事業を

世界的に展開しており、ライバルを寄せ付けない商品・サービスを扱っている企業を選べ」という話を、表現を変えながら繰り返ししていたように思います。
「私のメンターはウォーレン・バフェット。直接話したことはないけれど、著書や講演からインスピレーションを受けているから、投資スタイルは割安株の長期保有なんだ」とジムさんは言いました。達人クラスの投資家にもメンターはいるのです。そして、今は自分が世界中の投資家のメンターになっている。
僕はジムさんの生き方を素晴らしいと思いました。もともと人助けが好きなので、いつか僕自身が誰かのメンターになり、お金のことで不安になっている人を助けたいな、と考えるようになりました。

大事な情報源！！

ここでは、まっつんが情報源として現在も活用している投資情報サイト7つとアプリを紹介する。どれも有益な情報が盛りだくさんなので、さっそくアクセスしてみよう。あなたの投資を勝ちに導く、頼りになるサイトとアプリだ。

バフェット・コード

https://www.buffett-code.com/

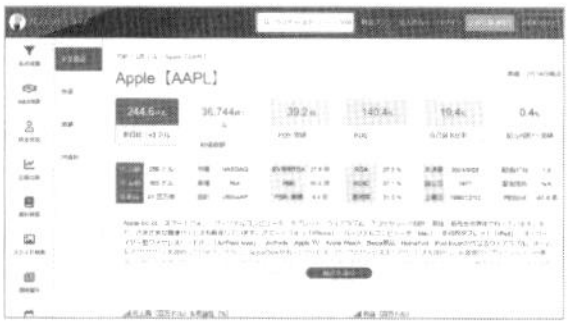

ファンダメンタルズ分析などに役立つデータを無料で見られる

日本株や米国株の株価や各種指標、業績・財務データを一覧で見られるサイト。配当実績などを過去に遡って見られるほか、同業他社の比較がしやすい。

日経平均 寄与度 ヒートマップ

https://nikkei225jp.com/nikkei/

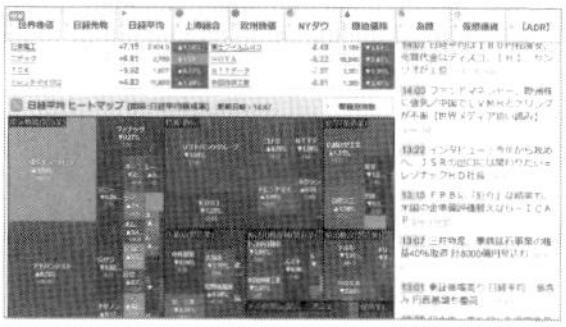

日経平均株価の動きに影響する銘柄が視覚的にすぐわかる

日経平均株価は225銘柄の株価を基に構成されるが、同サイトは採用銘柄の寄与度(影響の大きさ)をヒートマップ(データの強弱を色で可視化)で表す。

Fear & Greed Index

https://edition.cnn.com/markets/fear-and-greed

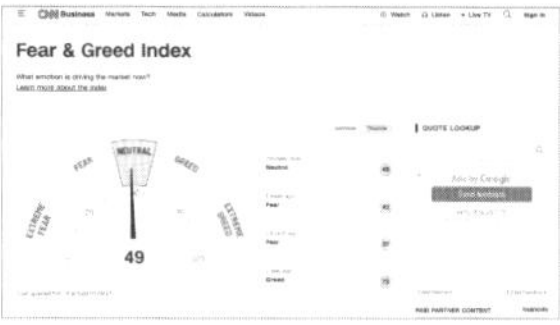

米国株市場のムードや投資家の心理状態がわかる指標

Fear & Greed Index＝恐怖と貪欲指数。米国CNNが提供。NEUTRALは凪の状態、FEAR(恐怖)は悲観、GREED(貪欲)は楽観ムードを意味する。

マイインデックス

https://myindex.jp/

インデックス投資について基礎から学ぶことができる

国内外のさまざまなインデックス(指数)について解説。インデックスに連動するETFや投資信託も検索できる。投資を一から勉強したい人におすすめ。

今でも活用中！

まっつんオススメ！投資情報サイト8

Investing.com

https://jp.investing.com/

金融関連のニュースやリアルタイムの相場データも

大手金融情報ポータルサイト。株やファンド、通貨、暗号資産、商品先物など、幅広い金融商品をカバーする。経済指標カレンダーなども便利。

MINKABU（みんかぶ）

https://minkabu.jp/

投資家による売買予想など銘柄探しなどに役立つ

資産形成に関わる情報サイト。投資家予想からアナリスト予想まで、幅広い情報で銘柄探しに役立つ。配当利回りなど各種ランキングもあり。

ロイター

https://jp.reuters.com/

世界的な通信社が発信する豊富なニュースコンテンツ

大手通信社ロイターによるニュースサイト。経済・政治・社会など世界の最新ニュースを日々配信。相場に影響を及ぼす情報も多いので要チェック。

カビュウ（アプリ）

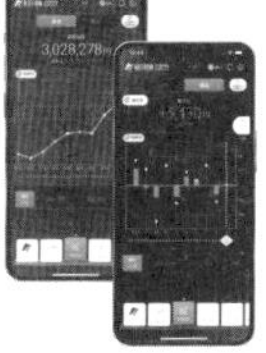

過去の取引データをグラフ化株式投資の管理・分析アプリ

株式投資の管理・分析を行うことができるアプリ。ポートフォリオを俯瞰できるツールなどが便利。スマホに入れて投資成果を日々チェックしたい。

2018-2019年

日本株でも大成功

――資産が2億円を突破

ジムさんとの出会い以降、僕は自己流の研究の末、イーロン・マスク率いるEV（電気自動車）メーカーのテスラなど複数銘柄に投資。テスラの株価3倍など、大きな利益をつかむことに成功しました。

米国株への投資に重点を移しながらも、日本株から完全に離れたわけではありません。アベノミクス相場が沈静化したタイミングを仕込み時と捉え、僕は気になった個別株をいくつか買いました。渡辺さんに推奨されて買った株もありますが、自分でも選びました。

その中の一つ、エムティジェネックスという銘柄が、買って数カ月でテンバガー（株価10倍）を達成。それまでにも自力でテンバガーを当てたことは何度かありましたが、このときは投じた金額が大きかったので、1銘柄でかなりの利益を生みました。

テンバガー発掘を後押ししたのが、さまざまな情報です。僕は108〜109ページで紹介しているサイトを主に活用していて、今でも頻繁にチェックしています。どれもほしい情報がすぐに手に入り、精度も高い。こうしたネットで得られる情報を駆使すれば、自力でテンバガーを見つけることも不可能ではありません。

エムティジェネックスの成功は大きな自信になりました。かつては、渡辺さんに指定された株を何も考えずにただ買っていた僕が、まぐれではなくテンバガーを当て、大きな利益を手にすることができている。以前は「人の力でラクして稼いでいる。僕はなんてラッキーな男だ」という思いが強かったのですが、この頃になると、実績と実力が釣り合うようになってきた感覚がありました。

２０１９年、40歳の節目の年に、僕の資産は２億円を突破しました。

お金があることで「仕事にしがみつく」ことが無用に

少し前からFIREという言葉をよく見聞きするようになりました。FIREとは「Financial Independence, Retire Early」の頭文字をとったもので、基本的には投資などでまとまった資産を築き、早期リタイアを果たすことを意味します。

僕の資産はだいぶ前からFIREできる水準に達していますが、親や彼女に資産運用の詳細を打ち明けていないこともあって、2025年現在もホテルマンを続けています。辞めたらもっと投資に打ち込めるのに、とも思うのですが、今は世の中、空前の人手不足。ホテル業界も当然例外ではなく、上司に退職について軽く打診したところ、「お願いだから辞めないでくれ」と懇願され、辞めるに辞められない状況に。僕は困っている人がいると助けたくなる性分なので、やむを得ずホテルマンを続けています。

昔はキツイ、ツライと思っていた仕事ですが、今の僕はそこまでホテルの仕事にしんどさを感じていません。ある程度出世したことで、肉体的にキツイ仕事が減ったというのもありますが、大きく変わったのは、お金の余裕ができて「いつ辞めてもいい」という状況になったことです。

お金がなかった頃の僕は、理不尽な上司や先輩の顔色を窺い、言いたいことも飲み込んで仕事にしがみついていました。

それが、投資がうまくいってからは、おかしいと思ったことは誰が相手でもズバッと言えるように。また、ホテルマンは他業種に比べると圧倒的に有給休暇をとりづらく、職場にも有給をとらせないぞという空気がただよっているのですが、僕はあえて空気を読まずに有休をとっていいます。上司からの評価が悪くなっても

OKだと思っているからです。上司が残業していても、僕は自分のやるべきことが終わったら、気にせず帰ります。

おかげで、だいぶ快適に働けるようになりましたし、仕事に行くのが憂鬱だとも思わなくなりました。変わり者だと見られている可能性は高いですが、周囲の目もまったく気になりません。

僕は、増えた資産の大部分をまた投資に回しているので、贅沢な暮らしは一切していないのですが、それでも心は豊かです。お金があると、物質的に豊かになるだけでなく、精神的にも豊かになり、さまざまな煩わしさから解放されて自由になれる。僕は投資のおかげで、本当の自由を手にしたと感じています。

PART 9

2020-2021年

コロナ・ショックで世界が一変

FIREを視野に入れ始める

PART 9
2020-2021年

ピンチはチャンス
——コロナ・ショックから学んだこと

２０２０年の初頭から海外で新型コロナウイルス感染症が広がり始め、世の中の空気は一気に不穏になっていきました。ほどなくして日本でも感染が拡大、春先には緊急事態宣言が発出へ。学校が休校になり、仕事はテレワーク。日本は鎖国状態で、ホテルにはほとんど人気がなくなりました。

リーマン・ショックのときも同じように利用客が急減したものでしたが、コロナ・ショックがホテル業界に与えた打撃はさらに甚大でした。利益がほとんどなくなったので、従業員を雇っていられなくなったホテルも多く、知人でも職を失った人がいました。僕の勤めるホテルバーは臨時休業になりました。20歳でホテルに就職して以来、ずっと忙しなく働いてきた僕ですが、期せずして休息のときを手に入れたのです。

同僚たちは「このままクビになったらどうしよう」「給料を減らされたらどうしよう」と、皆一様に不安がっていました。一方で僕はといえば、未知のウイルスを恐れる気持ちはも

ちろんあったものの、金銭的な心配はなかったので、いざとなったら退職しようと思っていました。以前は、まだ何があるかわからないから、労働による定期収入も確保しておくべきだろうと判断していましたが、資産はその時点で2億円を超えており、さすがにFIREしても大丈夫だろうと思えるようになっていたのです。

一時的にヒマになったのをいいことに、僕は株式投資に熱中しました。2020年2月末〜3月は株価も大暴落。青ざめた人も多かったかもしれませんが、僕は「ピンチはチャンス」だと考えているので、バンバン株を買っていきました。リーマン・ショックのときはこのやり方で大儲けしていたので、今度もいけるだろうと自信がありました。

市場の外部要因によるショック安のときは、超優良な企業であってもお構いなしに株価が下がるので、本来なら安く買うのが難しい銘柄をピックアップするだけでよく、銘柄選びは普段よりもむしろ簡単です。リーマン・ショック時は日本株をごっそり買いましたが、このときは米国株も同時に仕込み、全部でざっと数千万円はつぎ込みました。

２０２０年２月末～３月の大暴落（コロナ・ショック）からの市場の回復はリーマン・ショック後よりピッチが速く、僕は短期間で大きな利益を手にすることができました。僕同様、投資仲間の杉崎くんも株に資金をつぎ込んでおり、一時的な暴落を利用して効率的に資産を増やしていました。

杉崎くんも本業のほうでは在宅勤務が増えたそう。平日の日中、お互いにヒマなとき、僕らはＺｏｏｍ（Ｗｅｂ会議システム）を通じて、リアルタイムの株価チャートを見ながらああでもない、こうでもないと議論しました。その話の中で、「僕、まさにこのＺｏｏｍの株でだいぶ儲かりましたよ」と杉崎くんは言っていました。Ｚｏｏｍを運営する米国企業のズーム・ビデオ・コミュニケーションズ（現ズーム・コミュニケーションズ）は、コロナ禍で株価が急騰。杉崎くんはほかにも、コロナ禍で業績を伸ばした企業をいくつか買っていましたが、ブームは長く続かないと睨んでさっさと利益確定しており、売り時を逃さない潔い判断の仕方が勉強になるな、と思いました。

投資がうまくいって僕はホクホクしていましたが、世の中は当然暗いままです。佐賀の両親に連絡をとると、まるでこの世の終わりのような調子で、都会に離れて暮らす僕の身を案じていました。心配してくれるのはありがたいのですが、僕は仕事に行かず堂々と家にいて、投資もできる状況にむしろ満足していました。

　世間と自分の感覚のズレを感じましたが、投資家というのは戦争が起ころうと大規模な自然災害が起ころうと、自分が緊急事態の真っ只中にいない限りは「それで儲かる株は何だ?」と考える生き物です。メンターの渡辺さん、それに杉崎くんもそうです。僕は、自分が骨の髄まで投資家になってきていることを実感しました。

2020-2021年

金価格高騰！——金投資の利益が大幅増

戦争や天変地異のような〝有事〟が発生すると、株が下がる一方で金は買われやすい。そのため「有事の金」とよく言われます。しかし、コロナ・ショックによる株価暴落の最終局面では、株だけでなく金も売られ、金価格は急落しました。〝有事〟の事態が深刻になりすぎると、何でもいいから資産を売って現金化しようという動きが増えるんだな——と気づかされましたが、僕はその下がったタイミングで、すかさず金を買い足しました。

過去10年ほど純金積立をしていましたが、最近は金価格が下がったところで渡辺さんに相談し、ある程度まとまった資金を投じて買い足していくスタイルに変えていました。「このパニック状態がいつまでも続くはずがないから、近いうちに金価格はまた上がるよ」と渡辺さんに言われたので、ここで買うことにはまったく恐怖を感じませんでした。

ですが、僕は今少し後悔しています。なぜ、このときにもっと買っておかなかったのか、という後悔です。コロナ・ショック後、金価格は予想どおりに上昇。2025年時点でも

よく用いられる金の単位

重さ

トロイオンス

金や銀、プラチナなどの貴金属の計量に使用される単位。金の国際標準の取引価格は米ドル／1トロイオンスで表示される。1トロイオンス（oz）＝約31.1g

純度

カラット／パーミル

カラット（K/kt）は、装飾品など金属に含まれる金の割合を示す。24が100%。

パーミルは、貴金属の純度（品位）を1000分率で示す。

歴史的高値を更新しています。

ちなみに、金の市場は世界中にあって価格は世界共通ですが、為替などの影響から価格差は生じます。国際標準の取引価格は米ドル／１トロイオンスで表示されますが、日本では為替相場をもとに円換算され、円／１グラムで表示されます。

円安になると、自動的に国内の金価格は上昇します。記録的に円安が進んだ２０２４年に金が高騰したのはそのためです。

もちろん、ロシアによるウクライナ侵攻や中東情勢の深刻化などで世の中の先行き不透明感が強まり、金へのニーズが高まったことも上昇の背景にあります。為替の影響があるとはいえ実物資産（それ自体に価値がある資産）は強いと改めて感じました。

2020-2021年

リゾートマンションに投資
——二拠点生活への夢膨らむ

２０２１年になってもコロナ禍は尾を引いていて、本業がヒマな状態は続いていました。空いた時間を有効活用して、僕はソムリエなど仕事に役立つ資格を取得しました。ＦＩＲＥを考えながらも仕事に関連した勉強をしている自分に矛盾を感じましたが、結局この時点では、まだ本気で辞める覚悟ができていなかったということでしょう。

この年、新たに沖縄のリゾートマンションを区分所有で買いました。コロナ禍でリモートワークをする人が増えたことに加え、セカンドライフで沖縄に移住する人などからのニーズも見込めると踏んだからです。その後、この物件は値上がりして、２０２５年時点で３００万円ほどのプラスになっていますが、すぐに借り手がつき、ローンの差し引きで毎月３万円ほどの収入になっているので、売らずに所有し続けています。

ずっと自分の住んでいる東京近辺で物件を買っていたのに、遠く離れた沖縄の物件に目を向けたのは、メンターの渡辺さんの影響が強いかもしれません。ハワイに拠点を置き、

気ままに日本に戻ってきては、お気に入りのレストランをめぐって食事を楽しみ、またハワイに戻る。もちろん、合間に投資に関連したことをあれこれやっているとは聞いていましたが、事業の大部分を手放した今、渡辺さんは以前よりもさらに悠々としていて、自由に見えました。

杉崎くんのメンターのジムさんも、やはり世界のあちこちを飛び回っており、自由に生きているところが素敵だなと思っていました。食の好みがうるさく、海外旅行をしても「やっぱり和食がいい」となってしまうような僕ですが、沖縄であれば二拠点生活をするのもアリだな、という思いが芽生えていました。

投資を始める前はもちろん、始めてからも、自分が二拠点生活を視野に入れるようになる

2020-2021

とは思ってもみませんでした。漠然とした憧れのようなものは昔からあったと思いますが、資金面で絶対に無理だろうと考えていたからです。

　しかし、２０２１年末の時点で、僕の資産は２億円を大きく上回り、２億６０００万円ほどに到達しようとしていました。資産増に特に大きく貢献したのは、コロナ・ショックの際に大量に仕込み、その後値上がりした株です。

　株のおかげで資産が大幅に増え、僕の人生の選択肢も大きく広がりました。改めて、投資で成功することは自由を手に入れることだと感じ、自分ももっともっと極めていきたいし、人にもこの気持ちを伝えていきたいと思ったのです。

PART 10

2022-2025年

成功の秘訣！「トレースアクションシート」が頼れる相棒に！

PART 10
2022-2025年

メンターからの卒業
――免許皆伝のお墨付きで独立へ

コロナ禍の間はほとんど日本にいた投資メンターの渡辺さんが、だいぶ落ち着いてきたからハワイに戻る、と連絡をくれたのは2022年の中頃でした。日本を離れる前日、僕と渡辺さん、それに杉崎くんは一緒に食事をしました。

僕は、自作したトレースアクションシートに沿って運用し、それがすべてうまくいっていること、渡辺さんの「ピンチはチャンス」の教えに従い、コロナ・ショック後の株の上昇にうまく乗れたことを話しました。改めて感謝を伝えると、渡辺さんは言いました。

「うん、君はもう免許皆伝だね」

渡辺さんがそんなふうに言ってくれるとは思っておらず、僕は意表を突かれました。

「いやいや、僕なんてまだまだ。もっと渡辺さんに勉強させてもらいたいです」

「いや、君はもう自分だけでやっていける。私が教えられることはもうそんなにないよ。逆にね、これからは君が誰かに教えてあげる番なんじゃないかな」

そう言って渡辺さんは微笑みました。杉崎くんも嬉しそうにニコニコしていて、僕は何だか嬉しいのに寂しい、まるで卒業式のような気持ちになりました。とはいえ、僕はたしかに少し前から、誰かの投資の手助けをしたいと考えていました。自分にはそれができるという自信もすでに手にしていました。

そこで僕は、渡辺さんに言いました。

「これまで本当にたくさんのことを教えてくださり、僕の人生を変えていただいてありがとうございました。このご恩は、僕自身がメンターとなって、新たな成功者を育てるという形でお返しします。でも、今後も飲みには連れていってくださいね」

渡辺さんは「次はハワイで会おう」と言って笑いました。

2022-2025年

今度はあなたの番！

――トレースアクションシートを伝授

さて、前ページまでのところで、僕がメンターの渡辺さんと二人三脚で投資をしていた時代の話はおしまいです。

渡辺さんとは今でも頻繁にやりとりがありますし、投資の話をすることも多いですが、具体的な指示をあおぐことは一切なくなりました。僕は２０２３年からすべて自己判断で投資をするようになり、そこからも順調に資産は増えて、２０２５年１月の時点で総資産は３億円を超えています。何もしなくても自動的に入ってくる不動産の家賃収入や株の配当金で、年間収入は１０００万円を超えているので、今年中か来年あたりにはさすがにＦＩＲＥするつもりです。

現状、不動産は一棟マンション３棟、区分所有のマンション10部屋、太陽光発電２基、そのほか国内外の株や投資信託、金、暗号資産などを運用し、それぞれ順調に利益を生み続けています。

若いときほどの激務ではないものの、ホテルの仕事は続けているので、買った不動産や株は基本ほったらかし。逆に言うと、ほったらかしにしても大丈夫なものを厳選するやり方に変わりはありません。時間をかけて投資対象を研究することもナシ。おかげで、お金にも時間にも余裕があり、今が生きていて一番ラクかも、という状態になりました。

人並みに、自分や家族の健康などに不安を覚えることはありますが、何かあっても十分に資金があれば、そのとき考えうる最善策をとることができます。投資によって築いた資産は、僕にこのうえなく大きな安心感を与えてくれました。

振り返ってみると、僕の投資家人生が本当の意味でスタートしたのは、メンターの渡辺さんと出会い、トレースアクションシートを作成してもらってからです。

トレースアクションシートは、僕の目標やライフプランに沿って、これから実践すべき投資内容をまとめた投資指南書のようなものです。もしこれがなかったら、僕は今でもただ場当たり的に投資をしていたでしょうし、ここまで資産を大きく増やすことも絶対にできなかったでしょう。

これまでに多くの個人投資家と出会ってきましたが、億り人になるほど大きく儲けている人はほんの一握り。ほとんどの人は勝ったり負けたりを繰り返し、感情に左右されて損失を出したり、ちょっと儲けた分をすぐにムダ遣いしてしまったりして、資産をなかなか増やすことができません。この本をお読みの方の中にも、そのような悩みを持つ人は多いのではないでしょうか。

僕は、そんな人たちにこそトレースアクションシートが必要だと考えています。投資の道標となるものがあれば、道に迷うことなく適切なルートをたどり、資産を増やすことができます。

本書のパート2でも紹介したように、トレースアクションシートの中身は人それぞれの目標やライフプランなどによって変わってきます。今、僕は自分で自分のトレースアクションシートを作成することができますが、それなりに投資歴を重ね、成功体験も積まないと自作は難しいでしょう。

そこで今度は、僭越ながら僕がメンター役となり、投資に悩む皆さん一人ひとりに合わせたトレースアクションシートを作成したいと考えています。これは、僕なりの渡辺さんへの恩返しでもあります。詳しくは、本書の132〜133ページの特典をチェックしてください。今の投資スタイルを変えたいと思っている人にぜひ活用していただきたいです。

「そうはいっても、うまくいくのか何となく不安」と思う人もいるかもしれませんが、不安だ不安だと言って何もしないままでは、状況は変わりません。

お金に振り回される人生から脱却するために、最初の一歩を踏み出しましょう。

読者限定

まっつんの最新著書の出版を記念して、
読者限定で直接まっつんの投資アドバイスを
個別で受けられる特典を用意しました。

まっつんがあなたのメンターとなり、
本書で紹介した「トレースアクションシート」を
一人ひとりに合わせて作成します。

まずは下の二次元コードからLINEにアクセスし、
お友だち申請をしてください。

LINE

現在の投資スタイルを変えたいと思っている人は、今すぐにLINEでアクセスしてみよう!!

※特典は予告なく終了する可能性がございますのでご了承ください。

おわりに

最後までお読みいただき、ありがとうございます

2024年に新NISA（少額投資非課税制度）が導入され、投資人口は加速度的に増加しました。

僕が投資を始めた20年余り前は「投資＝危険」というイメージが非常に強く、株をやっているなんて話をすると、「ギャンブル好きなのね」と言われてしまうことすらありました。

今のようにネット証券を通じて格安の手数料で売買ができるわけではなく、投資信託のコストも高かったので、気軽に投資できる環境ではありませんでした。それを考えると、いつでもどこでもスマホで簡単に取引できる今は、本当にいい時代になったなと思います。

ですから、この恵まれた環境の中で投資を始めることができるみな

さんはラッキーです。新NISAやiDeCo（個人型確定拠出年金）は、節税効果もあってお得な制度なので活用するといいでしょう。

しかし、新NISAやiDeCoを活用してインデックス型の投資信託などを長期でコツコツ積み立てる手法と、僕の投資スタイルは180度違います。ですが、投信積立に僕流の不動産投資や株式投資を組み合わせて、資産増のペースアップを図ることは可能です。

本書を読み、興味を持った方は、ぜひLINEでお友だち申請の上、質問をしてください。些細なことでも真摯にお答えします。

また、この本の感想などをぜひSNSに投稿してください。本書を通じて感じたことなどなんでも構いません。「#まっつん」というハッシュタグをつけて投稿していただけたら、僕は全部見ます。

そうやって投資の輪を広げ、みんなで投資レベルを上げることができたなら、これに勝る喜びはありません。

まっつん

億り人まっつんの資産増強計画!!
成功の秘訣は人のマネをすること!

2025年4月22日　第1刷発行

著者	まっつん
発行所	ダイヤモンド社 〒150-8409　東京都渋谷区神宮前6-12-17 https://www.diamond.co.jp/ 電話／03-5778-7235（編集） 03-5778-7240（販売）
装丁・本文デザイン	高柴琴永（ウラララコミュニケーションズ）
イラスト	森 マサコ
製作進行	ダイヤモンド・グラフィック社
印刷	加藤文明社
製本	本間製本
編集協力	加藤三津子
編集担当	前田早章

ISBN 978-4-478-12090-3

※投資は情報を確認し、ご自身の判断で行ってください。本書を利用したことによるいかなる損害などについても、著者および出版社はその責を負いません。本書の内容は特に記載のないものは2025年1月31日時点のものであり、予告なく変更される場合もあります。また、本書の内容には正確を期すよう努力を払いましたが、誤り・脱落等がありましても、その責任は負いかねますのでご了承ください。